Leo Woerl
Illustrierter Führer durch Salzburg und Umgebung

SEVERUS Verlag

Woerl, Leo: Illustrierter Führer durch Salzburg und Umgebung mit
Hallein, Golling, Berchtesgarden und Königssee. 2012
Nachdruck der Ausgabe von 1914
ISBN: 978-3-86347-257-3

Umschlaggestaltung: SEVERUS Verlag

Bibliografische Information der Deutschen Nationalbibliothek: Die
Deutsche Nationalbibliothek verzeichnet diese Publikation in der
Deutschen Nationalbibliografie; detaillierte bibliografische Daten
sind im Internet über https://dnb.de abrufbar.

Der SEVERUS Verlag ist ein Imprint der Bedey & Thoms Media GmbH,
Hermannstal 119k, 22119 Hamburg
_____
SEVERUS Verlag, 2012
http://www.severus-verlag.de
Gedruckt in Deutschland
Der SEVERUS Verlag übernimmt keine juristische Verantwortung
oder irgendeine Haftung für evtl. fehlerhafte Angaben und deren
Folgen.

Leo Woerl

Illustrierter Führer durch Salzburg und Umgebung
Mit Hallein, Golling, Berchtesgarden und Königssee

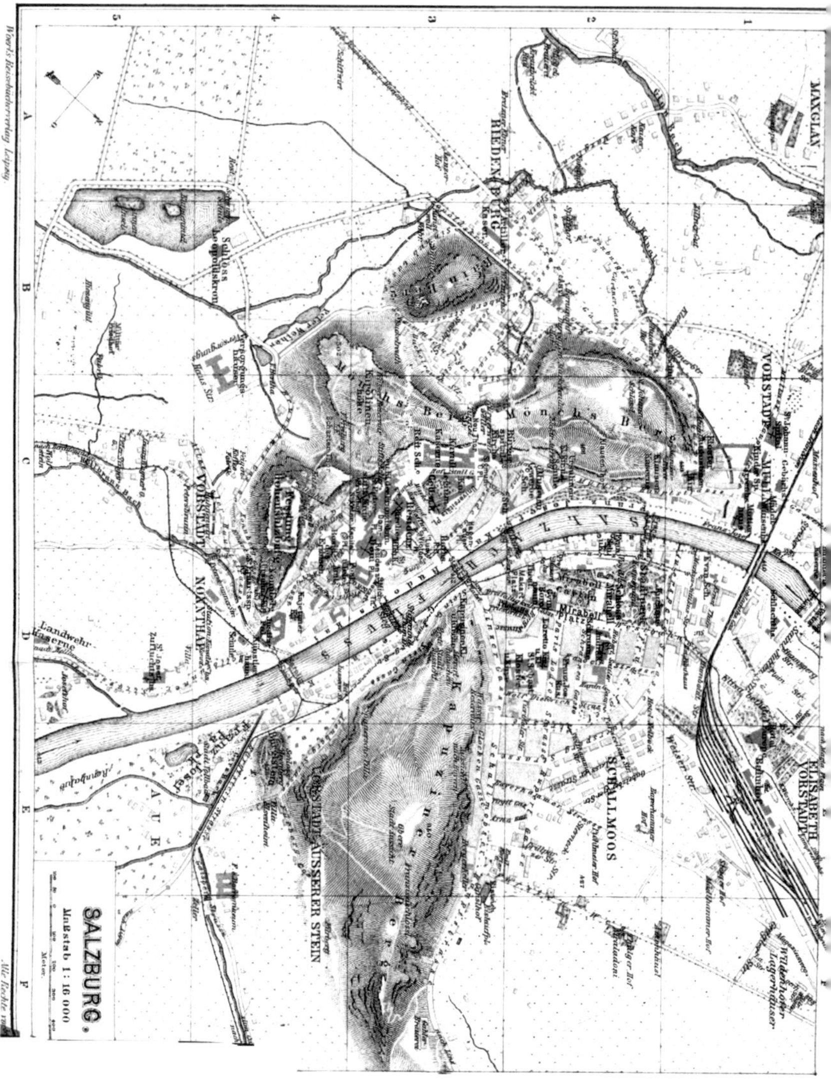

MIX
Papier aus verantwortungsvollen Quellen
Paper from responsible sources
FSC® C105338

FSC
www.fsc.org

Woerl's Reisehandbücher.

Illustrierter Führer
durch
SALZBURG
und Umgebung

mit

Hallein, Golling,
Berchtesgaden und Königssee.

Herausgegeben von **Leo Woerl**.

Mit Plan der Stadt Salzburg, Karten der Umgebung, einem Panorama vom Gaisberg und 25 Abbildungen.

———⋅⊰❋⊱⋅———

Erste k. k. priv. Donau-Dampfschiff-
Direktion in Wien **fahrts-Gesellschaft** **Direktion in Wien**

Täglicher Eilschiffdienst zwischen Linz-Wien, ferner regelmässige Personenfahrten mit grossen modernen Passagierdampfern (elektrisches Licht, Kabinen, vorzügliche Restauration)

zwischen Passau - Linz - Wien - Pozsony (Pressburg) - Budapest - Mohács - Zimony - (Semlin) - Belgrad - Orsova (Eisernes Tor) - Turnseverin - Giurgevo - (Bukarest) - Rustzuk - (Sofia) - Braila - Galaz - Sulina - (Schwarzes Meer).

Ab Galaz Anschluss nach Konstantinopel, Odessa und Levantehäfen.

Auskünfte aller Art rücksichtlich des Personendienstes gibt der

=== **Donau-Führer** ===

ein ausführl. Reisehandbuch, welches an Interessenten gegen Einsendung d. Portospesen gratis übermittelt wird. Fahrpläne, Fahrauskünfte etc. werden postwendend abgegeben.

Zusammenstellbare Rundreisefahrscheinhefte sind, unter Benutzung obiger Dampfschiffe auf sämtlichen beteiligten Eisenbahnstationen zu haben.

Wien 1913. **Die Direktion.**

Inhaltsverzeichnis.

Vorwort 5.
Allgemeines 7..
Geschichtliches 10.

Aufenthalt:
  Auskünfte 12.
  Gasthöfe 12.
  Restaurationen 14.
  Bierkeller 14.
  Weinstuben 14.
  Cafés 15.
  Konditoreien 15.
  Bäder 15.
  Buchhandlungen 16.
  Tageszeitungen 16.
  Bank- und Wechsel-
    geschäfte 16.

Verkehrswesen:
  Reisebureau 17.
  Eisenbahnen, Lokal- und
    Straßenbahnen 17.
  Omnibus und Lohnfuhrwerk
    19.
  Post und Telegraph 19.
  Dienstmänner 19.
  Fremdenführer 19.

Unterhaltung:
  Theater 20.
  Musik 20.
  Sport 20.

Sehenswürdigkeiten:
  Sammlungen, Ausstellungen,
    Bibliotheken 21.
  Gebäude 22.
  Denkmäler u. Brunnen 23.
  Kirchen 23.
  Anlagen und Friedhöfe 23.
  Rundgang 24.
  Umgebung 40.
  Nach. Berchtesgaden—Königs-
    see 50.
  Nach Reichenhall—Lofer—
    Saalfelden 67.
  Der Untersberg 69.
  Nach Hallein—Golling—Zell am
    See—Saalfelden 74.
  Tagesausflug nach Mondsee und
    auf den Schafberg 88.
  Ratschläge für Fußwanderer 90.
  Die zehn Gebote des Berg-
    steigers 91.
Register 93.

Beilagen:

Stadtplan von Salzburg: am Anfang des Führers.
Karte der Umgebung (von Salzburg bis Hallein) 1 : 125 000: Seite 47.
Karte der weiteren Umgebung 1 : 500 000: vierte Umschlagseite.
Panorama vom Gaisberg: zw. den Seite 48 und 49.
Karte vom Salzkammergut 1 : 300 000: am Schluß des Führers.

Gasthof „SCHRANNE", Salzburg
Schrannengasse 10.
Bürgerlich geführtes Haus, vollständig neu adaptiert.
□ □ Wiener Küche. Elektrische Beleuchtung. □ □
Lohndiener am Bahnhofe.
In nächster Nähe des Mirabellplatzes und Andrä-Kirche
A. M. Karl, Besitzer.

Gasthof Gablerbräu
Salzburg, Linzergasse
**Altrenommiertes Haus
Bürgerl. Küche. Billigste Preise**
∷∷∷∷ **M. MITTER** ∷∷∷∷

Andreas Ebners
Gasthof „Zum Touristen"
Salzburg, Linzergasse Nr. 43.
Ganz neu renoviert, mit altdeutscher Bierstube. Gut bürgerliches Haus. Billige Fremdenzimmer. Elektrische Beleuchtung. Wiener Küche. Vorzügliche Getränke. Ausschank des berühmten **Guggenthaler Märzen-** und **dunklen Doppelmalzbieres.** — Lohndiener am Bahnhof.

Höllbräu, Salzburg
Bürgerlicher Gasthof und Restauration
Hübsche Fremdenzimmer mit Aussicht
auf die Salzach, den Kapuzinerberg usw.
Originelle Bräustuben mit Selbstbedienung

Vorwort.

> Fast scheint es, daß vom Paradies
> Ein Stück der Herr auf Erden ließ.
> O Salzburg, hast du deinesgleichen?
> Des Untersbergs, des sagenreichen,
> Und schneebedeckter Alpen Zinken
> Hinauf den kühnen Wandrer winken —
> Und kühle Flut und Wald und Flur —
> Fürwahr ein Wunder der Natur!
> K. Landsteiner.

Bekanntlich können sich nur wenige Städte in bezug auf Schönheit der Lage und Umgebung mit Salzburg messen, und immer wieder finden neue Besucher der Stadt neue Worte der Bewunderung. Der Fremdenstrom, der sich alljährlich nach Salzburg ergießt, ist dementsprechend auch ein außerordentlich großer und nimmt von Jahr zu Jahr mit den verbesserten Verkehrsverhältnissen in gleichem Maße zu.

Unser vorliegender Führer erscheint nunmehr in 18. Auflage, ein Beweis für seine Beliebtheit und Zuverlässigkeit. Die Neuauflage wurde textlich abermals genau durchgesehen, verbessert und erweitert. Allen, die uns bei Herstellung des Bändchens unterstützten, sprechen wir auch an dieser Stelle unsern besten Dank aus.

Indem wir hoffen, daß unser Führer sich auch in der Neuauflage zahlreiche Freunde erwerben und diesen ein zuverlässiger Begleiter sein möge, bitten wir, uns auf etwa vorhandene Unrichtigkeiten gefl. aufmerksam machen zu wollen. Für weitere Reisen sei auf die Woerlschen Spezialführer verwiesen; ein vollständiges Verzeichnis befindet sich im Anhang.

Leipzig 1914.

Woerl's Reisebücher-Verlag,
Kaiserl. und Kgl. Hofverlagshandlung.

Georg Krebs
Hoflieferant

Frankfurt ⁰/M **München**
Kaiserstr. 18-20.   Weinstr. 6.

Abt. A.
Direct importirte **Havana Cigarren**
Cigarren deutscher Fabrikation
Cigaretten

Crevetti Havana Cigars

bester Ersatz für die mit 40% Wertzoll belastete Importware aus reinen Havana Tabaken im Inland hergestellt.

Abt. B.
Bordeaux und **Südweine**
Champagner Charles Heidsieck
.... Reims
Echt französischer Cognac
Ausländische Liköre u. **Spirituosen**

Abt. C.
Chinesische und **Indische Tee's**
Congo, Souchong, Peccoe u. Ceylon

Salzburg,

Hauptstadt des Kronlandes „Herzogtum Salzburg", liegt in 425 m Meereshöhe an beiden Ufern der Salzach, eines Nebenflusses des Inn, in ebenso großartiger wie reizender Umgebung, so daß sich mit Salzburg in bezug auf Schönheit der Lage nicht leicht eine andere Stadt vergleichen kann. An der Grenzmark einer erhabenen Gebirgswelt auf der einen Seite, und einer weiten, freundlichen, mit Ortschaften, Schlössern, Villen usw. reich übersäten Ebene auf der anderen Seite, selbst auf mehreren Seiten von hohen, mit reizenden Anlagen bedeckten Bergen eingeengt und im eigenen Schmuck stolzer Bauten wie prächtiger Promenaden, bietet sich uns Salzburg dar als ein irdisches Paradies. Aeneas Sylvius, nachmaliger Papst Pius II. (1458—64), sagt in seiner „Germania":

„In Bojarien findet man kaum eine Stadt, die nicht durch ihr schönes Äußere hohe Bewunderung erregt. Unter diesen ist Salzburg, von dem Flusse Salzach, an dessen Ufern sie liegt, also genannt — einst war ihr Name Arvinia (Juvavia) —, durch den Sitz eines Metropoliten bekannt, berühmt durch den ältesten Tempel des hl. Robertus (Rupertus). Nichts vermißt man hier, was das Ansehen der glänzenden Städte erhebt, man mag die öffentlichen Gebäude betrachten oder die Wohnungen einzelner Bürger."

Salzburg liegt zwischen dem Mönchs- und dem Kapuzinerberg an beiden Ufern der Salzach, über die sieben

B r ü c k e n führen: im Norden die Erzherzog-Ludwig-Viktor-Brücke, dicht dabei die Eisenbahnbrücke, dann die Franz-Karl-Brücke und der Makartsteg (2 h), in der Mitte die Staatsbrücke, dann der Mozartsteg (2 h) und am Südende die Karolinen-Brücke; sämtliche Brücken sind aus Eisen und ruhen auf Steinpfeilern.

Auffallend ist die Bauart vieler Häuser, die, oft bis zu fünf Stockwerken hoch, sogen. Grabendächer in italienischer Bauweise haben. Nicht wenige Häuser haben für die einzelnen Stockwerke verschiedene Besitzer.

Nach der 1861 erfolgten Niederlegung der Festungsmauern entstanden, namentlich am rechten Ufer des Flusses, neue Stadtteile, und an den Ufern wurden hübsche K a i s angelegt, am linken Ufer der Kaiser-Franz-Josefs- und der Rudolfs-Kai und am rechten Ufer der Elisabeth- und der Gisela-Kai.

Salzburg, dessen E i n w o h n e r z a h l, einschließlich der Garnison, etwa 40 000 beträgt, ist Sitz der Landesregierung, eines Kardinal-Erzbischofs mit Domkapitel, hoher militärischer und sonstiger Behörden.

Die Stadt hat an B i l d u n g s - und E r z i e h u n g s a n s t a l t e n eine theologische Fakultät, k. k. Staatsobergymnasien, Staatsoberrealschule, Staatsgewerbeschule, f. e. Gymnasium Borromäum, k. k. Lehrerbildungsanstalt, Lehrerinnenbildungsanstalt und Privat-Mädchenrealgymnasium, Privat-Mädchenlyzeum, Musikschule der internationalen Stiftung Mozarteum, Handelsschulen, Fachlehranstalten, Bürgerschulen, Volksschulen und Privatschulen. Im September jeden Jahres werden Hochschul-Ferialkurse abgehalten.

Es herrscht eine rege gewerbliche Tätigkeit, und zur Pflege von Kunst und Wissenschaft, Musik, Gesang und Geselligkeit, sowie zur Hebung von Industrie und Landwirtschaft bestehen zahlreiche Vereine. Eine Sektion des D. u. Ö. Alpenvereins und des Österreich. Touristenklubs lassen sich die Zugänglichmachung der Umgebung angelegen sein, wie auch der Verein zur Hebung des Fremdenverkehrs und der Verschönerungsverein in der Stadt sehr tätig wirken.

Die Stadt bietet infolge ihrer zahlreichen Sehens-

Staatsbrücke, mit Blick auf Hohensalzburg.

würdigkeiten, wie ihrer reizenden zu Ausflügen nach allen Richtungen einladenden Umgebung wegen einen ebenso lohnenden wie angenehmen Aufenthalt. Die Zahl der angemeldeten Fremden, die sich in Salzburg einen Tag oder länger aufhalten, beträgt jährlich gegen 125 000.

Geschichtliches.

Die Geschichte Salzburgs reicht sehr weit zurück. Die ersten nachweisbaren Bewohner waren Kelten. Die Römer unterwarfen diese und erbauten ein Kastell, welches sie Juvavum oder Juvavia nannten. Unter Kaiser Hadrian (130 n. Chr.) war Salzburg bereits eine bedeutende römische Kolonialstadt. Die Völkerwanderung machte der römischen Herrschaft ein Ende. Unter dem Schutze des Bojarenherzogs Theodor zu Ende des sechsten Jahrhunderts gründete Bischof Rupert auf den Trümmern der römischen Kolonie eine Stadt und machte sie zum Mittelpunkt seines Besitztums. Nach dem hl. Rupert wirkte der hl. Vitalis im Salzburgischen. Der Apostel der Deutschen, Bonifazius, stellte Johannis I. 738 als Bischof an, der als erster Diözesanbischof gelten kann. Kaiser Karl der Große verlieh 798 mit Zustimmung des Papstes Leo III. Arno, einem Zögling Alcuins, die erzbischöfliche Würde. Die Erzbischöfe von Salzburg erlangten verschiedene Vorrechte. Der Erzbischof führt den Titel „geborener und beständiger Legat des päpstlichen Stuhls" und „Primas von Deutschland". Das Erzbistum Salzburg war bis zur Säkularisation 1802 das reichste und wichtigste Hochstift Süddeutschlands. Die Fürsterzbischöfe Salzburgs schufen nicht bloß stolze Bauten, Kirchen und weltliche Gebäude, sie waren auch auf Hebung der Volksbildung bedacht. Die frühere Universität durfte mit den besten Bildungsanstalten sich messen. 1648 wurde Salzburg als selbständiges Fürstentum anerkannt, 1802 wurde das gleiche Fürstentum säkularisiert, zum weltlichen Kurfürstentum gemacht und von Napoleon dem Großherzog von Toskana verliehen. Durch den Frieden von Preßburg vom 26. Dezember 1805 kam Salzburg an Österreich, wurde dann 1809 unter der französischen Gewaltherrschaft bayrisch, 1816 aber wieder mit Österreich vereinigt. Das Erzbistum wurde 1823 wieder hergestellt. Die in Salzburg bestehende protestantische Gemeinde besitzt eine eigene konfessionelle Schule.

In Salzburg ist Österreichs größtes musikalisches Genie, W. A. Mozart, geboren (1756, † 1791 zu Wien), ferner der Maler H. Makart (geb. 1840, † 1884 in Wien); außerdem lebten hier der Naturforscher Theophrastus Paracelsus († 1541) und Michael Haydn (geb. 1737, † 1806), der Bruder des großen Josef Haydn.

Mozarts Geburtshaus.

Aufenthalt.

Auskünfte.

Im *Fremdenverkehrsbureau*, Schwarzstraße 7 (s. S. 17) und im Bureau des *Vereins zur Hebung des Fremdenverkehrs*, Ludwig-Viktor-Platz 7. Auskünfte jeder Art unentgeltlich. Zentral-Verkaufsstelle der Salzburger Kollektiv-Karte (s. S. 21).

Nachweis von Privatwohnungen: *Hausbesitzerverein*, Ludwig-Viktor-Platz 7, Buchhandlung *Eduard Höllrigl*, Sigmund-Haffnergasse 10 und im Zeitungsverschleiß *Konrath*, Schwarzstraße 14.

In allen Gasthöfen, Restaurants, Cafés usw. liegt der *Salzburger Amtskalender* auf zum Nachschlagen.

Gasthöfe:

(Die meisten Gasthöfe haben Omnibus oder Lohndiener an der Bahn.)

Grand Hotel de l'Europe, dem Bahnhof gegenüber, mit großem Garten in prächtiger Lage.

Österreichischer Hof, Schwarzstraße 5, nahe der Brücke am Elisabethkai.

Hotel Bristol, am Makartplatz 3 u. 5.

Park-Hotel Nelböck in der Nähe des Bahnhofes, Weiserstraße 2.

Hotel Pitter, Westbahnstraße 6.

Hotel Mirabell, Schwarzstraße 23.

Hotel Habsburg, Hubert-Sattlergasse 11.

Hotel zum Stein am Giselakai 3 bei der Hauptbrücke.

Hotel und Pension Kaiserin Elisabeth, Elisabethstraße 11, nicht weit vom Bahnhof.

Goldenes Schiff, am Residenzplatz 7.

Etwas billiger:

Zur Traube, Linzergasse 4.

Mozart, Auerspergstraße 20.

Zum roten Krebs, Mirabellplatz 8.

Maison meublée, Schreiner-Rodr, Paris-Lodronstraße 18.

Goldenes Horn, Getreidegasse 31.

Gablerbräu, Linzergasse 9 (s. Inserat S. 4).
Röm. Kaiser, Dreifaltigkeitsgasse 16.
Thalmanns Hotel garni, Auerspergstraße 15, gegenüber dem Kurhaus.
Kollers Hotel garni, Dreifaltigkeitsgasse 2.
Pension Steinlechner, Parsch.
Höllbräu, Judengasse 15 (s. Inserat S. 4).
Zur goldenen Krone, Getreidegasse 8, Mozarts Geburtshaus gegenüber.
Goldene Kanone, Paris-Lodronstraße 21.
Goldene Rose, Auerspergstraße 30.
Zum Wolf-Dietrich, Wolf-Dietrichstraße 16.
Münchener Hof, Lederergasse 10.
Goldener Löwe, Schallmoser Hauptstraße 13.
Zum Gold. Hirschen, Getreidegasse 37.
Zum Tiger, Linzergasse 22.
Zum Touristen, Linzergasse 43 (s. Inserat S. 4).
Deutscher Hof, Hubert-Sattlergasse 12.
Zur Neuen Stadt, Haydnstraße 4.

Einfacher (alphabetisch):

Zum schwarzen Adler, Bergstraße 6.
Zum weißen Adler, Bergstraße 14.
Goldner Anker, Imbergstraße 23.
Zum Bahnhof, Elisabethstraße 45.
Bergerbräu, Linzergasse 17.
Goldene Birne, Judengasse 1.
Deutsche Eiche, Lasserstraße 31.
Zum Elephanten, Sigmund-Haffnergasse 4.
Zum Gold. Engel, Giselakai 14.
Zur blauen Gans, Getreidegasse 43.
Zum Hecht, Linzergasse 26.
Zum Hirschenwirt, Elisabethstraße 5.
Hofwirth, Schallmoser Hauptstraße 1.
Zur Linde, Bayerhammerstraße 27.
Mödlhammerbräu, Getreidegasse 26.
Zum Mohren, Judengasse 9.
Zum Ofenloch, Neutorstraße 21.
Schwarzes Rößl, Bergstraße 5 (Studentenherberge).
Rupertushof, Rupertgasse 10.
Sandwirt, Weiserstraße.

Schlammbräu, Dreifaltigkeitsgasse 3.
Zur Schranne, Schrannengasse 10 (s. Inserat S. 4).
Zur Stadt Innsbruck, Viehmarktgasse 3, unweit vom Bahnhof.
Zur Stadt Meran, Viehmarktgasse 2, unweit vom Bahnhof.
Sternbräu, Getreidegasse 34, mitten in der Stadt, mit Garten
Weiserhof, Weiserstraße 6.
 NB. Man speist meist à la carte.

Restaurationen (außer den Hotels):

Bahnhof-Restaurant am k. k. Staatsbahnhof.
Kurhaus, mit Gartenterrasse, in der Nähe des Schlosses Mirabell, im Sommer täglich Konzert.
Rest. Mirabell mit schönem Garten, täglich Konzert.
Rest. Bristol, Makartplatz.
Stiftskeller, am nördlichen Ausgang des Friedhofs St. Peter, sehr besucht.
Zipfer Bierhalle und Restauration, Universitätsplatz (s. Inserat S. 92).
Elektrischer Aufzug auf den Mönchsberg, täglich Konzert.
Stieglkeller I. am Wege zur Festung Hohensalzburg.
Restauration Hohensalzburg der Drahtseilbahn, prächtigster Aussichtspunkt.
Schanzl, Schanzlgasse.
Kaltenhauserkeller, außerhalb des Klausentores.
Stieglkeller II., Müllner Hauptstraße 7.
 (Alle auch mit Sitzgelegenheit im Freien.)

Bierkeller mit Selbstbedienung:

Augustiner Bräustübl in Mülln, von 3 Uhr nachm. an geöffnet.
Gabler Bräustübl, Dreifaltigkeitsgasse, neben Sauterbogen.
Guggentaler Bierstübl, Linzergasse 20.
Weißbierbrauerei, Rupertgasse 10.
Höllbräustübl, Judengasse 15 (s. Inserat S. 4).
Stieglbierstübl, Westbahnstraße 14.
Sternbräugarten, Getreidegasse und Griesgasse.

Weinstuben:

Schider, Linzergasse 15 (Wiener Ratskellerweine).
Geißler Nachf. (Barth), Dreifaltigkeitsgasse 20 (komfortabel).

Wachauer Weinstube, Rudolfskai 16.
Stiftskeller, beim Friedhof St. Peter.
Münchener Hof, Lederergasse.
Goldene Birne, Judengasse 1.
„*Zum Stiegelmaier*", Marktgasse.

Cafés:

Tomaselli, Ludwig-Viktorplatz.
Café Bazar, Schwarzstraße.
Theatercafé u. Restaurant, Makartplatz.
Café Corso, Giselakai.
Café Krimmel, Westbahnstraße.
Café Central, Schwarzstraße.
Koller, Dreifaltigkeitsgasse 2.
Café Wien, Franz-Josef-Str. 37.
Café Stransky, Hagenauerplatz.
Café Fünfhaus, Westbahnstraße.

Konditoreien:

L. Karuth & Co., Ludwig Viktor-Platz 7 und Getreidegasse 21.
Paul Fürst, Brotgasse und Dreifaltigkeitsgasse.
C. Schatz, im Durchhaus, Getreidegasse.
J. Baertlein, Rathausplatz.
E. Reichert, Paris-Lodronstraße 11.

Bäder:

Badeanstalt im Städtischen Kurhaus, in der Nähe des Bahnhofes und des Schlosses Mirabell. Bäder aller Art, auch Schwimmbassin. Badezeit von 8 Uhr morgens bis 6 Uhr abends.
Wüstrichs Badeanstalt bei dem sogen. Kreuzersteg; Wannen- und Brausebäder; Massage.
Badeanstalt, Imbergstraße 9; Wannenbäder.
Mozartbad, Pfeiffergasse 13; Wannen-, Dampf- und Brausebäder, Heilbäder.
Städtisches Volksbrausebad, Griesgasse, wochentags 6—9 und 11 bis 8 Uhr, Sonntags 6—1 Uhr.
Städtisches Freibad und *Schwimmschule* im Kaiser-Franz-Josefs-Park.

16 Aufenthalt.

Gfrerers Wasserheilanstalt, Franz-Joseph-Straße 14.
Marienbad, ¾ Std. von der Stadt (Omnibus dahin täglich mehrmals vom Goldenen Horn bzw. Blaue Gans und Bahnhof aus), Moor-, Fichtennadel- und Schlammbäder, s. S. 49.
Kreuzbrückl, ¼ Std. vor dem Neutore, Schlamm- und Moorbäder, bürgerliche Einrichtung, aber gern besucht.
Moorbad König Ludwigs-Bad, Moosstraße (s. S. 49).
Steinlechner in Parsch (Flußbad).
Schwimmbad in Leopoldskron (s. S. 48).

Buchhandlungen,
in denen W o e r l ' s F ü h r e r erhältlich sind:

Bahnhofbuchhandlung (*J. Bettenhausen*).
Eduard Höllrigl, vorm. *Herm. Kerber* (Inh. *A. Stierle* & *O. Spinnhirn*), Sigmund Haffnergasse 10.
Jos. Kasseroller, Galanterie- u. Papierhandlung, Residenzplatz 5.
Mayrische Buchhandlung (Inh. *Max Swatschek*), Ludwig-Viktor-Platz 5.
Oberers Buchhandlung (Inh. *Fritz Eitel*), Makartplatz 8.
Eugen Richter Nachf. vorm. *Heinrich Dieters Sortiment* (Inh. *Marie Morawitz*), Residenzplatz 2.
Kathol. Vereinsbuchhandlung (vorm. *M. Mittermüller*), Dreifaltigkeitsgasse 12.

Tageszeitungen:

Salzburger Volksblatt (deutsch-fortschrittl.).
Salzburger Chronik (kathol.-konservativ).
Salzburger Wacht (sozialdemokr.).

Bank- und Wechselgeschäfte:

Österreich.-ungar. Bank (Filiale), Sigmund-Haffnergasse 16.
Karl Spängler & Co., Schwarzstraße (Bazar) und Filiale im Bahnhof der k. k. Staatsbahn.
Ant. Daghofer, Griesgasse 11.
Bank für Oberösterreich und Salzburg (Filiale), Ludwig-Viktor-Platz 4.
Böhmische Unionbank (Filiale), Makartplatz.
K. K. pr. Länderbank (Filiale), Getreidegasse 1.
Wiener Bankverein (Filiale), Rathausbogen.

Verkehrswesen.

Reisebureau.

Fremdenverkehrsbureau, Schwarzstraße 7. Vereinigt die Auskunftsstellen des „Landesverbandes für Fremdenverkehr" und der „k. k. Österr. Staatsbahnen" nebst „Cooks Office". Auskunft jeder Art über Stadt und Land Salzburg, Fahrkarten, Rundreise- und Schlafwagenbilletts, Generalabonnements für das Salzkammergut, Eilgut- und Gepäckaufgabe.

Eisenbahnen, Lokal- und Straßenbahnen.

(*Kerbers Taschenfahrplan* als praktisch und zuverlässig empfohlen. Preis 40 h.)

K. k. österr. Staatsbahnen: 1. Die Linie Salzburg—Wien (*Elisabethbahn*) führt in östlicher Richtung über L i n z nach W i e n. (6 Std.)

2. Eine Linie geht in südlicher Richtung bis Bischofshofen und von da einerseits westlich bis I n n s b r u c k [*Giselabahn*] 5—6 Std., anderseits östlich über Selzthal (mit Anschluß an die Salzkammergutbahn) nach Graz [*Rudolfsbahn*]. In Schwarzach-St. Veit Abzweigung der *Tauernbahn* über Badgastein—Villach—Görz nach Triest (10 Std.).

Königl. bayr. Staatsbahn: führt in westlicher Richtung über Freilassing (von hier Bahn nach Reichenhall und weiter nach Berchtesgaden, sowie Abzweigung nach Mühldorf), Traunstein, Rosenheim nach München.

Rundreisekarten: Salzburg—Freilassing—Reichenhall—Berchtesgaden—Schellenberg—Salzburg oder umgekehrt, 1 Monat gültig, III. Kl. 3 K 20 h.

Salzburger Eisenbahn- und Tramway-Gesellschaft; elektrischer Betrieb. Bahnhof dem Staatsbahnhof gegenüber; von hier durch die Stadt mit den Haltestellen: Kurhaus, Bazar, Äußerer Stein (hier Abzweigung nach Parsch zur Gaisbergbahn), weiter über die Karolinenbrücke nach den Stationen: Künstlerhaus-Nonntal, Kommunal-Friedhof, Kleingmain, Morzg, Hellbrunn (s. S. 50), Anif (s. S. 52), Grödig, St. Leonhard-Gartenau, Drachenloch (s. S. 52), Hangender Stein, Schellenberg nach Berchtesgaden. Fahrzeit bis Berchtesgaden 1¼ bezw. 1 ½ Std. Fahrpreise: Salzburg—Berchtesgaden Pers.-Zug III. Kl. 1 K 60 h, II. Kl. 2 K 92 h; Schnellzug III. Kl. 2 K 38 h, II. Kl. 3 K 82 h; Salzburg—Königssee Pers.-Zug III. Kl. 2 K 2 h, II. Kl. 3 K. 52 h; Schnellzug III. Kl. 2 K 74 h, II. Kl. 4 K 42 h.

Die Fahrkarten für die elektr. Lokalbahn sind vor Antritt der Fahrt an den Schaltern zu lösen. Zollrevision für Bayern in Schellenberg, für Österreich in Hangender Stein.

Elektrische Bahn von Berchtesgaden bis Königssee s. S. 58.

Lokalbahn Salzburg—Lamprechtshausen (Fahrzeit 1¼ Std.), bei Muntigl Fähre über die Salzach nach Freilassing; bei Oberndorf Brücke über die Salzach nach Laufen in Bayern.

Salzkammergut-Lokalbahn (Salzburg—Mondsee—St. Gilgen—Ischl); schmalspurig. Bahnhof dem Hauptbahnhof gegenüber. In St. Wolfgang steigen die Passagiere aus, welche die Zahnradbahn auf den Schafberg benutzen (s. S. 89).

Das Verkehrsbureau *Jos. A. Gallas* in Salzburg, Schwarzstraße 11, läßt während der Saison (ab 16. Juni) jeden Montag und Dienstag Gesellschaftszüge verkehren über das Drei-Seen-Gebiet nach dem Schafberg und zurück nach Salzburg. Fahrpreis einschließlich der Fahrt mittels Zahnradbahn auf den Schafberg 8 Kronen. Die Karten sind außer im Bureau in allen Hotels zu haben.

Gaisbergbahn. Zahnradbahn von der Station Parsch der Staatsbahn in 44 Min. auf die Gaisbergspitze (s. S. 43).

Drahtseilbahn auf die **Festung Hohensalzburg.** Einsteighalle hinter dem Kapitelplatz in der Festungsgasse. Verkehrt in der Saison von 8 Uhr früh bis 9 Uhr abends. Bergfahrt 60 h, Talfahrt 40 h, hin und zurück 80 h.

Elektrischer Aufzug auf den **Mönchsberg** von der Gstättengasse aus (s. S. 33). In der Saison von 7 Uhr morgens bis 11 Uhr nachts. Fahrtarif: a) eine Bergfahrt für Erwachsene 40 h, b) für Kinder 10 h, c) Talfahrt für Erwachsene 20 h, d) für Kinder 10 h, e) Berg- und Talfahrt am selben Tage für Erwachsene 50 h.

Salzburger Stadtbahn (elektr. Betrieb): Bahnhofplatz, Westbahnstraße, Mirabellplatz, Dreifaltigkeitsgasse, Platzl, Staatsbrücke, Rathausplatz, Kranzlmarkt, Ludwig-Viktorplatz. Fahrpreis 20 h.

Omnibus und Lohnfuhrwerk.

Omnibus: Vom Bahnhof in das Hotel oder umgekehrt 40 oder 60 h; Gepäck 20 h.

Einspänner: vom Bahnhof in die innere Stadt oder umgekehrt, bei Tag 1 K, mit Gepäck 1 K 40 h, bei Nacht 1 K 60 h, mit Gepäck 2 K.

Zweispänner: bei Tag 1 K 60 h, mit Gepäck 2 K, bei Nacht 2 K 60 h, mit Gepäck 3 K.

Den für sonstige Fahrten in Salzburg und Umgebung geltenden amtlichen Fahrtarif führt jeder Kutscher bei sich und hat ihn auf Verlangen vorzuweisen (in Kerbers Taschenfahrplan vollständig enthalten).

Autotaxameter: Grundtaxe 1 K 50 h; drei Personen je 1 km 80 h; fünf Personen je 1 km 1 K 20 h für Hin- und Rückfahrten; Hinfahrt allein (ohne Unterschied der Personenzahl) 1 K 20 h. Wartezeit die Stunde 4 K (Trinkgeld für den Chauffeur nicht inbegriffen). Tagestouren nach Vereinbarung.

Post und Telegraph.

Hauptbureau: Residenzplatz neben der Hauptwache.

Zweigbureaus: im Bahnpostgebäude, am Makartplatz, in Mülln-Nonnthal usw.

Dienststunden an Wochentagen von ½8 Uhr morgens bis 8 Uhr abends für Briefpost, bis 7 Uhr abends für Paketpost, an Sonntagen von 8½—11½ Uhr vorm. u. 3½—4½ Uhr nachm.

Telegraphendienst ununterbrochen im Hauptpostamt.

Tarif für Dienstmänner.

Für einfache Gänge oder Bestellungen innerhalb der Stadt mit Gepäck bis 5 kg 50 h, bis 25 kg je 70 h, für je weitere 25 kg je 20 h mehr. Nach den Vorstädten und Punkten außerhalb der Stadt entsprechend mehr laut Tarif.

Fremdenführer.

Für jede angefangene halbe Stunde 50 h.

Unterhaltung.

Theater.

Stadttheater am Makartplatz. Im Winter täglich Vorstellungen, im Sommer von Mitte Juli an Vorstellungen.

Musik.

P r o m e n a d e n - K o n z e r t e abwechselnd auf Plätzen und in öffentlichen Gärten.

Im S o m m e r allabendlich Konzerte im Kurgarten oder Kursaal, abwechselnd auch in der Restauration „Elektrischer Aufzug auf dem Mönchsberg" oder Restauration Mirabell.

Aufführungen der internationalen Stiftung Mozarteum, der Salzburger Liedertafel. Kammermusikabende und Künstlerkonzerte.

Alpine Abende im Kurhaus, veranstaltet vom Volkstrachtenverein „Alpinia".

Elektrische Beleuchtung der Festung Hohen-Salzburg mittels Scheinwerfer, wöchentlich zwei- bis dreimal.

Sport.

Es bestehen Sport- und alpine Vereine, darunter die Sektion Salzburg des D. u. Ö. Alpenvereins, Österreichischer Touristenklub, zwei Turnvereine, Tennisklubs, ein Automobilklub, fünf Radfahrvereine usw. Vorzüglich gehaltene Straßen erschließen den Radfahrern und Automobilisten die herrliche Umgebung Salzburgs, das Berchtesgadener Land und das Salzkammergut.

Die Stadt Salzburg eignet sich infolge ihrer günstigen, von Bergen umgebenen Lage ganz hervorragend als Standquartier zur Ausübung des Wintersportes, Rodeln, Skifahren, Eislaufen; auch für das volkstümliche Eisschiessen sind gute Bahnen vorhanden.

Zu empfehlen im Winter eine Schlittenfahrt nach St. Bartholomä oder an den Hintersee zur Wildfütterung.

Sehenswürdigkeiten.

Die „Salzburger Kollektivkarte" zum Preise von 3 K, aufgelegt von dem Verein zur Hebung des Fremdenverkehrs, und in den beiden Verkehrs-Bureaus, Ludwig-Viktorplatz 7 und Schwarzstraße 7, in allen Buchhandlungen, in den meisten Gasthöfen, Cafés und größeren Kaufläden erhältlich, gewährt teils freien Eintritt und freie Fahrten, teils wesentliche Gebührenermäßigung für den Besuch der meisten Sehenswürdigkeiten. Das Verzeichnis ist auf der Karte beigedruckt.

Sammlungen, Ausstellungen und Bibliotheken.

Museum Carolino - Augusteum. Geöffnet vom 1. Juni bis 30. September täglich 9—5 Uhr. Im Mai und Oktober ist es nur Mittwochs, Sonn- und Feiertags 9—4 Uhr, in den übrigen Monaten nur Sonn- und Feiertags nachm. 1—4 Uhr geöffnet. Die Räume mit unzulänglichem Tageslicht sind nunmehr elektrisch beleuchtet. Eintrittspreis an Wochentagen 1 K, an Sonn- und Feiertagen 60 h, Kinder die Hälfte. Außer den regulären Besuchsstunden zahlt ein Besucher 2 K und jeder weitere Begleiter 1 K mehr. Garderobe 10 h (s. S. 33).

Gemälde-Ausstellung im Künstlerhaus. An Werktagen 1 K, an Sonn- und Feiertagen 40 h die Person (s. S. 28).

Mirabell-Schloß und Garten. Kunstgewerbliche Ausstellung von Salzburger Erzeugnissen im Erdgeschoß. Besichtigung für jedermann frei. Im Garten ein Naturtheater, der Bastionsgarten und eine Volière des Ornitholog. Vereins [Eintritt 20 h] (s. S. 36).

Studienbibliothek im Studiengebäude am Universitätsplatz. Geöffnet: Montag, Dienstag, Donnerstag und Freitag 9—2 Uhr, Samstags 9—12 und 2—4 Uhr; Mittwoch und Sonn- und Feiertags geschlossen. Während der Ferienmonate, 15. Juli bis 15. September, ist die Bibliothek nur an zwei bis drei Tagen der Woche, von 9—12 Uhr zugänglich (s. S. 24).

Afrikanisches Museum, Dreifaltigkeitsgasse 12. Eintritt 20 h.

Mozarthaus, Schwarzstraße. Eröffnung 1914 (s. S. 38).

Sehenswürdigkeiten.

Mozarts Geburtshaus, Getreidegasse 9; im III. Stock das *Mozart-Museum*. Geöffnet täglich von 8 Uhr morgens bis 7 Uhr abends; an Sonn- und Feiertagen von 1 Uhr mittags ab geschlossen. Eintritt 1 K (s. S. 24).

Benediktinerstift St. Peter mit Bibliothek, Altertumssammlung, Archiv und Schatzkammer (Stiftskellerei) (s. S. 31).

Im *Franziskanerkloster* P. P. Singers Pansymphonikon, nur während der Sommersaison täglich gespielt um ½11 Uhr (s. S. 32).

Sattlersche Kosmoramen und *Panorama von Salzburg* im Kurgarten. Eintritt 40 h (s. S. 36).

Gebäude.

K. u. k. Residenzschloß; täglich zugänglich. Besichtigung 40 h. Annahme von Trinkgeldern verboten (s. S. 25).

Glockenspiel am Residenzplatz (Neugebäude); täglich um 7, 11 und 6 Uhr, Freitag vorm. ausgenommen (s. S. 26).

Die *Reitschulen*, Hofstallgasse (s. S. 32).

Das *Neutor* (s. S. 32).

Das *k. k. Studiengebäude* mit Aula am Universitätsplatz (s. S. 24).

Das *Stadttheater* am Makartplatz (s. S. 38).

Städtisches Kurhaus, Westbahnstraße (s. S. 36).

Mozarthäuschen am Kapuzinerberg; geöffnet zu jeder Tageszeit, Eintritt 20 h (s. S. 39).

K. u. k. Lustschloß Hellbrunn (Tramway 37 Min.); die Wasserkünste werden vom 1. Mai bis 31. Oktober täglich zwischen 8 Uhr früh und 6 Uhr abends in Bewegung gesetzt. Besichtigung der Wasserwerke und der inneren Einrichtung des Schlosses zusammen 20 h, Annahme von Trinkgeldern strengstens verboten. Auch das Steinerne Theater ist sehenswert (s. S. 50). Außerhalb der Gartenmauer, unmittelbar neben der Station der elektr. Tramway, *Pörnbachers* Landesrelief von Salzburg (die Berge aus natürlichem Gestein; interessant; 40 h).

Festung Hohensalzburg. Eintritt 40 h, die Fürstenzimmer können besichtigt und der Aussichtsturm bestiegen werden (s. S. 29).

Nonnberg-Kloster (s. S. 28).

Denkmäler und Brunnen.

Florianbrunnen am Ludwig-Viktorplatz (s. S. 24).

Hofbrunnen vor dem Residenzschloß (s. S. 26).

Mozart-Denkmal auf dem Mozartplatz (s. S. 26).

Sehenswürdigkeiten.

Mozart-Büste vor dem Mozarthäuschen am Kapuzinerberg (s.S.39).
Kapitelschwemme am Kapitelplatz (s. S. 30).
Hofstallschwemme beim Neutor (s. S. 32).
Graf-Thun-Denkmal am Giselakai (s. S. 39).
Kaiserin-Elisabeth-Denkmal beim Staatsbahnhof (s. S. 40).
Eduard-Richter-Denkmal auf dem Mönchsberg (s. S. 35).
Dr. Alex. Petter-Denkmal am Franz Josefskai.
Marienstatue auf dem Domplatze (s. S. 26).

Kirchen.*)

St. Andrä-Pfarrkirche (s. S. 38).
Augustinerkirche (s. S. 33).
Bürgerspitalkirche (s. S. 32).
Cajetanerkirche (s. S. 26).
Dom (s. S. 26).
Dreifaltigkeitskirche (s. S. 39).
Franziskanerkirche (s. S. 31).
Kapuzinerkirche u. Kloster auf einem Vorsprung des Kapuzinerberges (s. S. 39).

Kollegienkirche am Universitätsplatz, geöffnet nur früh von 6—8 Uhr, sonst nach Meldung beim Obermeßner (s.S.24).
Lorettokirche (s. S. 38).
Nonnbergkirche und K r y p t a (s. S. 28).
Protest. Kirche (s. S. 36).
St. Sebastianskirche (s. S. 38).
Stiftskirche St. Peter (s. S. 31).

Anlagen und Friedhöfe.

Botanischer Garten hinter der Kollegienkirche am Universitätsplatz (s. S. 24).
Mönchsberg (s. S. 35).
Mirabellgarten (s. S. 36).
Kurgarten mit Kurhaus (s. S. 36).
Kapuzinerberg (s. S. 39).

Kais. Franz Josefs-Park (s. S.39).
Friedhof von St. Peter (s. S. 30).
Friedhof St. Sebastian und Mausoleum Wolf-Dietrichs (s. S. 38).
Kommunal-Friedhof (Tramway 25 Min.) (s. S. 50).

---

*) Über G o t t e s d i e n s t (kathol., protestant., englisch, israel., altkath.) unterrichte man sich aus den Ankündigungen in den Zeitungen.

Rundgang.

Wir beginnen unseren Rundgang vom Mittelpunkt der Stadt, nämlich von der Staatsbrücke aus, und besuchen zunächst den älteren Stadtteil am linken Ufer. Rechts vom Rathausplatz, an dem das R a t - h a u s steht, zieht sich die Getreidegasse hin. In dieser Nr. 9 das **Geburtshaus Mozarts** (Mozart geb. 1756, † 1791), worin sich auch das M o z a r t m u s e u m befindet. (Eintritt s. S. 22.)

Das Museum enthält eine interessante Sammlung von Erinnerungen an Mozart, u. a. Originalbriefe der Familienmitglieder, Büste, Porträts in Ölbildern und Reproduktionen, die erste Violine W. A. Mozarts, seine Maria-Theresia-Uhr, musikalische Fragmente, die Gesamtausgabe seiner Werke (Breitkopf & Härtel in Leipzig), Theaterzettel erster Opernaufführungen („Zauberflöte", „Don Juan") usw., seinen Konzertflügel, sein Spinett, Briefe und Kompositionen; Mozarts Schädel, ein Vermächtnis des Anatomen Hyrtl; ferner ein Mozartalbum mit zahlreichen Autographen und Photographien von Komponisten usw.

Nicht weit hiervon auf dem Universitätsplatz die **Kollegienkirche,** nach dem Plane *Fischers von Erlach* 1696 bis 1707 erbaut; im Innern Gemälde von *Rottmayer.* An die Kirche stößt das **Studiengebäude,** ehemals Sitz der 1622 vom Erzbischof Paris Lodron gegründeten, 1810 aufgehobenen U n i v e r s i t ä t , von der nur noch die theologische Fakultät besteht. Das Gebäude enthält das k. k. Staats-Gymnasium, die Lehrerbildungsanstalt, die k. k. öffentliche **Studienbibliothek** mit 102 000 Bänden, 4626 Inkunabeln und 1270 Handschriften (Eintritt s. S. 21) und (bis 1914) die öffentliche Musikschule der Internationalen Stiftung „M o - z a r t e u m". Hinter der Kirche dehnt sich der sehenswerte B o t a n i s c h e G a r t e n aus.

Vom Universitätsplatze gelangt man durch den Ritzerbogen und am Café Tomaselli vorbei zum Ludwig-Viktor-Platz (früher Marktplatz) mit dem **Florian-**

Brunnen, einer meisterhaften Schlosserarbeit des *Wolf Guppenberger* (1583). Von hier weiter zum großen Residenzplatze mit dem ansehnlichen **Residenzschlosse,** 1592 bis 1724 erbaut, früher Residenz der regierenden Fürsterzbischöfe, jetzt zum Teil Wohnsitz der großh. toskanaschen Familie. Das Innere birgt manches Sehenswerte, u. a. die Bildnisse sämtlicher Bischöfe und Erzbischöfe; in den sogen. Kaiser-Appartements

Mozartplatz und Residenzplatz mit dem Hofbrunnen und dem Neugebäude (Glockenspiel).

und Repräsentationsräumen sind die Plafonds mit herrlichen Gemälden von *Rottmayer* (Szenen aus dem Leben Alexanders des Großen) sowie mit reichem figuralen und ornamentalen Stuck geschmückt; der sogen. Kaiser-Salon enthält gut erhaltene Gobelins. Eintritt s. S. 2̸2̸.

In der Residenz befindet sich auch das Geburtszimmer des Malers Hans Makart.

Vor dem Schloß steht der schöne, 14 m hohe **Hof-**

brunnen, 1664 von dem Italiener *Antonio Dario* aufgeführt. Er besteht aus drei Abteilungen: der Muschel, den vier Pferden und der Atlantengruppe, je aus einem Marmorblock gearbeitet; hoch oben steht ein Triton, der aus einem Horn einen Wasserstrahl über 2½ m hoch spritzt.

An der Ostseite des Residenzplatzes das ansehnliche sogen. **Neugebäude,** übrigens schon im 17. Jahrh. aufgeführt, von einem Türmchen überragt, aus dem täglich dreimal (Freitags vormittags ausgenommen), um 7, 11 und 6 Uhr, ein von *Sautter* 1703 aus 37 Glocken verfertigtes Glockenspiel ertönt, das abwechselnd 22 verschiedene Stücke spielt. (Nach dem Ende des Glockenspiels hört man auf dem rückwärts gelegenen Teile des Platzes das Orgelwerk „der Stier" aus der Festung herabklingen.) Im Neugebäude befinden sich die k. k. Landesregierung, die Post- und Telegraphenbureaus und die Telephon-Zentralstelle; im Vorbau die Hauptwache.

An der Südseite des Residenzplatzes steht der **Dom,** ein imponierender Renaissancebau von 115 m Länge und 70 m Breite, mit zwei 80 m hohen Türmen und einer 74 m hohen Kuppel, 1614—28 von *Santino Solari* erbaut. Die westliche Fassade aus weißem Marmor macht einen sehr guten Eindruck, und das Innere überrascht durch die einfache Schönheit der Linien und die harmonischen Größenverhältnisse. Bemerkenswert ein Hochaltarbild von *Mascagni* aus der Zeit des Erzbischofs Paris Lodron (1618—53), das T a u f b e c k e n aus Erzguß von 1321 und der reiche D o m s c h a t z. Die neuen Kreuzwegstationen in den Seitenschiffen sind vom Münchener Maler *Glötzle*. Vor der Westfassade steht eine M a r i e n s ä u l e aus Bleiguß aus dem Jahre 1772 von *Hagenauer*.

An die Ostseite des Neubaues grenzt der Mozartplatz mit dem **Standbild Mozarts,** nach *Schwanthalers* Modell von *Stieglmeyer* in München in Erz gegossen und 1842 enthüllt.

Von hier den Rudolfskai in südlicher Richtung entlang gehend, an der nach Plänen von *F. Drobny* erbauten S t a a t s g e w e r b e s c h u l e vorbei, kommt man zur **Cajetanerkirche,** 1685—97 erbaut, mit Fresken

Domkirche.

und Altarbildern, jetzt Militärspitalkirche; gegenüber der neue, nach dem Plane des Oberbaurat *Wielemans* erbaute **Justizpalast,** dem leider eine der schönsten Ansichten Altsalzburgs geopfert wurde. Nach wenigen Schritten stromaufwärts kommt man zum **Künstlerhaus** (eröffnet 1885), das außer Ausstellungssälen mehrere Ateliers enthält, welche an Künstler zu sehr billigen Preisen vermietet werden. Die hier alljährlich während der Saison (Juli bis Oktober) stattfindenden K u n s t a u s s t e l l u n g e n sind reich beschickt und erfreuen sich festbegründeten Rufes. (Eintritt s. S. 21.)

In der südlich von hier gelegenen Vorstadt Nonntal befindet sich das neue städtische **Versorgungshaus,** ein reizend gelegener, monumentaler Bau von Architekt *Drobny,* in dem die sämtlichen, früher getrennten Pfründeninstitute vereinigt wurden.

Von der Nonntaler Hauptstraße rechts abbiegend, kommt man durch schmale Gäßchen zum **Nonnberg,** dem östlichen Ausläufer des Mönchberges, mit einem Frauenkloster.

Mozart-Denkmal.

Ein solches errichtete hier schon der hl. Rupert 585. Die jetzige Kirche stammt von **1464;** sie ist in spätgotischem Stile erbaut und hat ein reiches Portal. Hinter dem schönen spätgotischen Hochaltar aus dem 15. Jahrh. ein prächtiges gotisches Fenster mit wertvollen Glasmalereien aus 1480. In der Krypta das Grabmal der ersten Äbtissin Erentrud und interessante Säulen. Im Turm Freskobilder im byzantinischen Stil aus dem 12. Jahrh. Von der Brustwehr bietet sich eine reizende Aussicht.

Vom Kloster gehen wir auf der nach der Stadt zu gelegenen Seite, zuerst eben, dann bergan, auf der Fahrstraße zur **Festung Hohen-Salzburg** (542 m, 150 m höher als der Kapitelplatz). Man gelangt auch direkt von der Stadt aus mit Benutzung der 1892 eröffneten Drahtseilbahn (s. S. 18) vom Kapitelplatz aus auf die Festung. Oben große Restauration mit Terrasse und altdeutschem Saal.

Die Festung wurde schon im Jahre 1077 begonnen, dann zu verschiedenen Zeiten erweitert und 1519 ausgebaut. Sie diente den Fürstbischöfen öfter als befestigte Wohnung und Asyl.

Die S t. G e o r g s k a p e l l e im Schloßhof, aus dem Anfang des 16. Jahrh., enthält zwölf Apostelstatuen in rotem Marmor; an der Außenseite ein Reliefdenkmal des Erbauers Erzbischof Leonhard († 1516). Auch die auf Anordnung des Erzherzogs Johann († 1857) leider nicht sehr glücklich wiederhergestellten F ü r s t e n - z i m m e r sind sehenswert; im Rittersaal ein selten schöner gotischer Majolikaofen.

Von der Festung, namentlich von der Plattform des Reckturmes aus bietet sich eine entzückende R u n d - s i c h t. Das Panorama ist ein sehr ausgedehntes: im Norden liegt die Stadt mit ihren vielen Türmen zu unseren Füßen, im Nordosten erhebt sich der Kapuzinerberg mit dem Kapuzinerkloster und dem Franzisci-Schlößl, im Osten der Gaisberg, im Süden das schöne obere Salzachtal mit seinen zahlreichen Ortschaften, Villen, Gehöften usw., in der Ferne gruppieren sich Tennengebirge, Göll, Steinernes Meer, Untersberg, im Westen und Nordwesten der Stauffen, die bayerischen Voralpen, die Ebene in der Ferne usw. Im Sommer wöchentlich mehrmals Beleuchtung der Festung mit Scheinwerfern.

Seit 1862 ist die Festung als solche aufgegeben und dient nur noch als Kaserne. (Eintritt s. S. 22.)

Von der Festung führt ein Fußweg vorbei am malerisch gelegenen S t i e g l k e l l e r direkt auf den Kapitelplatz. Daselbst die e r z b i s c h ö f l i c h e R e s i d e n z. Auf dem Platze, an der Südseite des Domes, eine Pferde-

St. Peter-Kirchhof.

schwemme, die „**Kapitelschwemme**", 1733 von Erzbischof Leopold errichtet und angeblich eine Nachbildung der Fontana Trevi zu Rom.

Rechts in der Nähe der Eingang zum **Friedhof von St. Peter**. Drei Seiten des malerisch gelegenen Friedhofs sind von Arkaden umgeben, in denen sich zahlreiche, zum Teil mit sehr schönen Denkmälern geschmückte Gräber befinden. In der Mitte des Friedhofes die schöne gotische (meist geschlossene) M a r g a r e t e n k i r c h e,

1843 erbaut und 1864 erneuert; an der steilen Felswand des Mönchsberges die M a x i m u s - und die G e r t r a u d e n k a p e l l e (der hl. Maximus wurde 477 hier getötet). Andere Kapellen sind die Katharinenkapelle, die Kreuzkapelle, die St. Ägidiuskapelle, die Veitskapelle, 1130, mit dem Grabstein des Abtes Johannes von Staupitz. Der Besuch des Friedhofes mit seinen vielen alten Grabdenkmalen ist sehr interessant. In der letzten Gruft der Arkaden (sog. Kommungruft) ruht der Tonsetzer M i c h a e l H a y d n († 1806).

Die Nordseite des Friedhofes wird von der **Stiftskirche St. Peter** abgeschlossen, einer romanischen, 1127 erbauten Basilika mit hübschem Westportal und kurzem Querschiff mit achteckiger Kuppel. Im Innern vielfache Grabdenkmale, darunter ein altes von 1436, das des hl. Rupert (582—623), des hl. Bischofs Vitalis, des Werner von Raitenau und Michael Haydns († 1806), sowie jenes der Freifrau von Sonnenburg, der Schwester Mozarts. In der Kirche ferner Bilder des Kremser *Schmidt* († 1802) und Wandgemälde aus dem 15. und 17. Jahrh., worunter an der Südwand die Kreuztragung des Meisters *Kaspar Memberger* von 1591. An der Außenseite des Turmes wurden in neuester Zeit Reste eines romanischen Säulenganges freigelegt.

Das vom hl. Rupert gegründete **Benediktinerstift St. Peter** besitzt eine ansehnliche B i b l i o t h e k von 60 000 Bänden, über 1600 Inkunabeln und 1100 Handschriften, ferner ein reiches Archiv und eine interessante Kupferstich- und Altertümersammlung.

Am nördlichen Ausgang des Friedhofes die S t i f t s k e l l e r e i (von den meisten Fremden besuchte Spezialität Salzburgs) mit guten Weinen; hier auch das vielbesuchte „Haydn-Stübchen". Nahebei das schöne Lokal der „Gesellschaft für Salzburger Landeskunde".

Ganz in der Nähe, an der Nordwestseite der Residenz, befindet sich die in neuester Zeit wiederhergestellte **Franziskanerkirche** nebst Franziskanerkloster. Die Kirche ist ein Gemisch der verschiedensten Baustile vom 13. Jahrh. bis auf unsere Zeit. Das niedrige Langhaus zeigt romanischen Stil, der sechseckige Chor mit prachtvollem hohen Netzgewölbe aus dem 15. Jahrh. ist Spätgotik, die Seitenkapellen des Chores sind Renaissancebauten aus der ersten Hälfte des 17. Jahrh., der zierliche Turm wurde 1866 nach Plänen des Architekten *Wessiken* ausgebaut. Auf dem Hochaltar eine Holzstatue der Madonna von *Pacher* von 1498. Im Kloster lebte der als Organist, Komponist und Erfinder des Pansymphonikons bekannte P. *Peter Singer* († 1882). Dieses Instrument ist täglich um ½11 Uhr zu hören; es wird durch den Nachfolger des P. Peter Singer gespielt. Eine Marmorgedenktafel mit dem Bildnis des P. P. Singer befindet sich unter dem Bogen, welcher die Franziskanerkirche mit dem Kloster verbindet.

Von hier führt die Franziskanergasse in nordwestlicher Richtung in die Hofstallgasse. In dieser links der ehemalige fürstbischöfliche, sehr schöne **Marstall,** 1607 für 130 Pferde erbaut, jetzt Artilleriekaserne, mit den Reitschulen, der 30 m langen und 16 m breiten Sommerreitschule, deren drei Galerien mit je 36 Arkaden 1693 in den Felsen des Mönchsberges eingehauen wurden, sowie der Winterreitschule, in welcher ein Deckengemälde von 1690, ein Turnier darstellend.

Neben der Reitschule führt ein Stiegenaufgang zum Mönchsberg (s. S. 35); auf der anderen Seite rechts eine schöne Pferdeschwemme (**Hofstallschwemme**) mit Marmoreinfassung und einer plastischen Pferdebändigergruppe von *Mandl* aus dem Jahre 1695; an der Rückwand Reste von früher bestandenen Fresken.

Wir stehen vor dem **Neutor,** einem 131 m langen, 8 m breiten und 12 m hohen, 1765—74 durch den Mönchsberg gehauenen Tunnel, zur Verbindung mit der Vorstadt Riedenburg. Den Eingang des Tunnels auf der Stadtseite schmückt das Brustbild des Erbauers, Erzbischofs Sigismund mit der Unterschrift: „Te saxa loquuntur", den Ausgang die marmorne Bildsäule des hl. Sigismund, beide von *Hagenauer*.

Vom Marstall gelangen wir weiter in nördlicher Richtung zur **Bürgerspitalkirche** in gotischem Stil, 1865 gut erneuert; von hier in die Gstättengasse, in der links die Häuser wie Schwalbennester an die jähe Felswand des Mönchsberges angebaut sind. In dieser Gasse fanden früher wiederholt Bergstürze statt, so am 4. April 1665 und am 16. Juli 1669. Bei letzterem wurde die Markuskirche zerstört und das Kloster der Barmherzigen Brüder begraben, außerdem wurden 13 Häuser verschüttet und 300 Menschen getötet. Aus der Gstättengasse führt ein von der Unternehmung Siemens & Halske hergestellter **elektrischer Aufzug**, ganz nahe dem Schulgebäude, auf den Mönchsberg (s. S. 18).

Weiter nordwärts das **Ursulinenkloster** nebst Kirche; in ersterem vielbesuchtes Pensionat und das Mädchen-Realgymnasium.

Noch weiter nordwärts durch das noch bestehende Klausentor führt ein Fahrweg zum **Augustinerkloster** in der Vorstadt M ü l l n. Das Kloster hat eigene Brauerei und verzapft im ,,Bräustübl" ein vorzügliches Bier (erst von 3 Uhr nachm. an geöffnet). In der 1605 im Renaissancestil erbauten Klosterkirche einige sehenswerte Bilder.

In der Vorstadt Mülln weiter das St. Johannes-Hospital, die Augenklinik, das Kinderspital und Gebärhaus. Die nach dem neuesten Systeme erbaute Heilanstalt für Geisteskranke befindet sich in der angrenzenden Ortschaft Lehen. —

Wir kehren zurück zum Ursulinenkloster und betreten den breiten baumbepflanzten Franz-Josef-Kai, der sich von der eisernen Franz-Karl-Brücke zur mittleren Stadtbrücke hinzieht. Wir kommen hier zum **Museum Carolinum Augusteum**, das 1833 von Vinzenz M. Süss begründet, nun der Stadt gehört und eine sehr reichhaltige (39 Schauräume) und äußerst malerisch und interessant aufgestellte Provinzial-Sammlung enthält. (Eintritt s. S. 21.)

Im L a p i d a r i u m befinden sich keltische und römische Altertümer aus dem Kronlande Salzburg usw., darunter römische Mosaikböden; im M ü n z k a b i n e t t etwa 2000 Salzburgische Münzen vom 10. Jahrh. an bis jetzt; in der M u s i k h a l l e eine reiche Sammlung musikalischer Instrumente, in der W a f f e n h a l l e Waffen und Rüstungen von fünf Jahrhunderten her; ferner finden wir ein Studierzimmer im Geschmacke des 16. Jahrh.,

zwei Wohnzimmer aus dem 16. und 17. Jahrh., ein
Jagdzimmer im Empfinden der Zeit um 1600, ein Schlaf-
zimmer (17. Jahrh.), eine Burgkapelle mit Sakristei
in romanischem Stil mit gotischer Einrichtung, eine
Küche in der Anlage von etwa 1650, aber z. T. mit Ein-

Neustadt und Mülln vom Kapuzinerberg aus, im Vordergrund
der St. Sebastians-Friedhof.

richtungsobjekten des beginnenden 16. Jahrh. bis zur
Biedermeierzeit, eine Halle mit Werken Salzburgischer
Künstler und Ansichten aus Stadt und Land, sowie große
Reliefkarten der Salzburgischen Alpen, begonnen von *Keil*,
beendet von *v. Pelikan*, drei Kostümhallen, ein Antiken-

kabinett, eine volkskundliche Sammlung, eine Pongauer Gewerkenstube (1606) mit prächtiger Holzvertäfelung, das Wolf Dietrich-Zimmer und die Emigrationsstube. Die mineralogischen Sammlungen (50 000 Nummern) des Museums befinden sich in der großen Halle zu ebener Erde, die zoologischen Abteilungen im 2. Stocke.

Am Kai etwas weiter südlich das imposante **Schulgebäude** (Bürgerschule, Oberrealschule usw.).

Bevor wir diesen Stadtteil verlassen, statten wir dem **Mönchsberg** (523 m, etwa 87 m über der Stadt) einen Besuch ab, der, fast nach allen Seiten steil abfallend, die West- und Südseite der Stadt bogenförmig in einer Länge von 1½ km umschließt und eine Fülle schöner, durch hübsche Anlagen verbundener Aussichtspunkte bietet, welche die prächtigsten Bilder, fortwährend kaleidoskopartig wechselnd, dem Auge darbieten.

Auf den Mönchsberg führen verschiedene Wege; der nächste aus der Stadt neben dem Sommerreitschule über 283 Stufen hinauf; ein anderer (prächtige Fahrstraße, auf Kosten der Herren Paschkoff und Leitner 1895 erbaut) aus der Vorstadt Mülln durch die Monikapforte, ein dritter außerhalb des Neutors von dem Vorort Riedenburg aus, ein vierter aus der Vorstadt Nonntal durch das Schartentor an der Freyburg vorüber, ein fünfter vom Kapitelplatz an der Festung vorbei. (Bequemste Verbindung mittels elektrischen Aufzugs in der Gstättengasse, s. S. 18.)

Der Mönchsberg trägt verschiedene zum Teil alte Baulichkeiten, wie Johannes-, Marketender-, Stauffeneggschlößchen und Freyburg, sämtlich in Privatbesitz und nicht zugänglich; an Restaurationen sind die des elektrischen Aufzuges, wo an bestimmten Tagen Militärkonzerte stattfinden, der Bürgerwehrsöller, Hubertus unter dem Johannesschlößchen und „Katz" bemerkenswert.

Die Aussichtspunkte sind zahlreich, von Norden nach Süden: „Aussicht nach Bayern", „Stauffenblick", „Eduard-Richter-Höhe" (besonders malerisch, mit einem Denkmal des Alpenforschers, Historikers und Geographen Eduard Richter), Karolinen-, Elisabeth-Höhe (zwischen diesen beiden das große

Reservoir der Fürstenbrunner Wasserleitung), „Katz", „Ludwigsfernsicht". Die beste Rundschau bietet sich vom A u s s i c h t s t u r m des elektrischen Aufzuges. Nach Nordwesten schweift der Blick weit in die bayerische Ebene mit ihrem Wechsel von Waldungen, Fruchtfeldern, Dörfern und Schlössern hinaus, von Norden leuchtet uns die Wallfahrtskirche Maria Plain entgegen, nach Osten zu liegt zu unseren Füßen der neue Stadtteil, darüber hinaus in der Ferne der Gaisberg, gegen Süden erblicken wir Schloß Hellbrunn, darüber hinaus das Tennengebirge, den Hohen Göll, gegen Südwest über Schloß Leopoldskron den Untersberg, das Lattengebirge, weiter den Hohen Stauffen usw. Vom Bürgerwehrsöller wie vom elektrischen Aufzug hat man einen guten Blick in die zu Füßen liegenden Stadtteile mit ihren originellen Dächern und den stollenartigen Gassenanlagen. Stundenlang kann man auf dem Mönchsberg weilen und sieht sich an dem Salzburger Paradies doch nicht satt. —

In die Stadt zurückgekehrt, betreten wir über die Franz-Karl-Brücke oder über den Makartsteg das rechte Ufer der Salzach und den neuen Stadtteil. Am Elisabeth-Kai (rechtes Ufer der Salzach) steht die **protestantische Kirche,** ein hübscher, 1867 von *Götz* aufgeführter Bau im romanischen Stil. Von der Brücke geradeaus schreitend, gelangen wir links zu dem hübsch angelegten **Kurpark** mit dem **Kurhaus.** Im Sommer im Park, bei schlechter Witterung im Kursaal (mit Restauration) täglich abends Konzert. Im Park in einem Kiosk nahe an der Straße das S a t t l e r s c h e K o s - m o r a m a und P a n o r a m a von Salzburg, sehr sehenswert (40 h). Im Stadtpark die B ü s t e des um die Stadt vielverdienten Oberbaurates Frhrn. v o n S c h w a r z und ein J a h n - D e n k m a l.

An den Stadtpark, der Stadt zu, stößt das **Schloß Mirabell,** 1607 von Erzbischof Wolf Dietrich erbaut, 1709—27 wesentlich vergrößert, 1818 nach einem Brande in etwas nüchterner Weise wiederhergestellt; jetzt städtisches Eigentum, Geburtsstätte König Ottos von Griechenland. Das Stiegenhaus mit den *Donner-*

Schloß Mirabell.

schen Figuren gemahnt an einstige Pracht. Die hübsche
Schloßkapelle stammt von 1725. Im Erdgeschoß (Eingang von der Westbahnstraße) permanente Ausstellung
Salzburger kunstgewerblicher Erzeugnisse. Großer, prächtiger Garten. Im nördlichen Teile die Volière des
„Ornithologischen Vereins" mit einer Sammlung europäischer und exotischer Vögel (Eintritt s. S. 21).

Gegenüber Mirabell die neue **St. Andräkirche,** nach
Plänen des Architekten *J. Wessiken* in gotischem Stile
erbaut. Schöne Marmorkanzel aus den Oberalmer Werken.
Hinter der Kirche die neue Volks- und Bürgerschule. In
der Franz-Josef-Straße der Neubau des Kinderheims.

Vom Mirabellplatz gelangt man durch die
Paris Lodrongasse an der Lorettokirche vorbei
zur **St. Sebastianskirche** in der Linzergasse. Sie wurde
1820, nachdem ein Brand die frühere Kirche zerstört
hatte, im Renaissancestil wieder aufgebaut. Im Portal
die Büste des hl. Sebastian. Portal und Altäre von
Marmor. Schönes Kruzifix von Bildhauer *Nissel* aus
Fügen. In der Vorhalle Grabmal des berühmten Arztes
und Alchymisten Theophrastus Paracelsus (Philippus
Aureolus Th. P. Bombastus von Hohenheim), der in
Salzburg wohnte und 1541 starb.

Auf dem an die Kirche angrenzenden, rings mit
Arkaden umgebenen St. Sebastiansfriedhof
viele schöne Familiengräber. In der Mitte die Gabrielskapelle, die Grabstätte des Erzbischofs Wolf Dietrich
von Raittenau; am Plafond und an den Wänden prächtige Salzburger Majoliken von *Castello* (wiederhergestellt). In der Nähe das Grab der Witwe Mozarts,
Constanze von Niessen, geb. von Weber († 1842), und
das Grab des Vaters (Leopold) des Komponisten. —

Südlich vom Mirabellgarten breitet sich der Makart-
(früher Hannibal-)Platz aus, an dem sich das nach den
Plänen der Architekten *Fellner & Helmer* im Jahre 1893
erbaute **Neue Stadttheater** erhebt, sowie das Wohnhaus
von Mozarts Vater. In nächster Nähe des Stadttheaters, in der Schwarzstraße, das **Mozarthaus,** nach
Plänen des Münchner Architekten Prof. *R. Berndl.* Nach
Fertigstellung (1914) wird der Bau Konzertsäle, die Musik-

schule, die Biblioteca Mozartiana, das wertvolle Archiv usw. beherbergen. Von da zur **Dreifaltigkeitskirche,** 1699 nach Plänen von *Fischer v. Erlach* errichtet. Der prächtige Bau bildet nun, nach Abbruch des früher vorgelegenen Leihhauses, einen imposanten architektonischen Abschluß des Platzes.

Durch die Dreifaltigkeitsgasse zum „Platzl" mit dem vierstöckigen, mit dem Bildnis des T h e o p h r a s t u s P a r a c e l s u s (s. S. 38) geschmückten Wohnhaus desselben. Hier führt die 91 m lange, 11 m breite Staatsbrücke in den linksseitigen alten Stadtteil.

Von der Staatsbrücke gelangt man stromaufwärts auf den Giselakai und in die Imbergstraße mit schönen, neuen Villen. Vor dem Café Corso das D e n k m a l für den † Statthalter S. G r a f T h u n von Prof. *Breitner*. Von hier weiter am Bürglstein vorüber in den **Kaiser-Franz-Josefs-Park.** Herrliche Anlagen mit monumentalem K a i s e r b r u n n e n ; M a r m o r - G e d e n k - t a f e l an das 50jährige Regierungsjubiläum des Kaisers Franz Josef I. von Österreich, Spielplätzen, Weiher, Café-Restaurants usw., rückwärts die neue Rennbahn des Salzburger Trabrennvereines. Hier werden Volksfeste und landwirtschaftliche Ausstellungen abgehalten. —

Ein gleicher Schatz, wie für den älteren Stadtteil der Mönchsberg, ist für den gegenüberliegenden der **Kapuzinerberg** (650 m, 230 m über der Stadt). Von der Linzergasse, gegenüber dem Gablerbräu, führen 225 Stufen an Kreuzwegstationen vorbei hinauf zum Kloster, mit freundlicher Kirche. Auch aus der ihres altertümlichen Charakters wegen interessanten Steingasse führt eine Stiege aus Granitstufen bis vor die Klosterkirche; der Klostergarten ist nur Männern zugänglich; schöne Aussicht.

Vom Kloster führt ein Weg links aufwärts zum P a r k (am Tore läuten); in diesem das 1873 aus Wien (dem Starhembergschen Freihaus) nach Salzburg gebrachte und am 18. Juli 1877 hierher versetzte M o z a r t h ä u s - c h e n (Eintritt s. S. 22), in dem der große Komponist 1791 seine Zauberflöte vollendete; vor dem Häuschen eine M o z a r t b ü s t e von Prof. *Edmund Hellmer* in Wien. Von hier führt ein Waldweg rechts, dann links weiter hinauf in 15 Min. zur „Aussicht nach Bayern", nach weiteren 10 Min. gelangt man zur „oberen Stadtaussicht", einer Waldlichtung, die ein prächtiges Gesamtbild der Stadt, des Tales und Bergkranzes gewährt, der schönste Punkt des Kapuzinerberges (Pavillon und Orientierungspanorama). Von hier in weiteren 10 Min. zum „Franzisci-Schlößchen", einer ehemaligen Bastei, die Erzbischof Paris Lodron 1629 errichten ließ, der höchste Punkt des Kapuzinerberges mit Restauration und trefflicher Aussicht. Ein zweiter Weg steigt ½ Std. außerhalb des Linzertores in Absätzen mit schönen Aussichtspunkten in ½ Std. zu dem Franzisci-Schlößl, welcher prachtvolle Aussichtspunkte gegen das Aignertal und in das Gebirgsland gegen Hallein bietet. —

Ein Meisterwerk ist das im Jahre 1901 in den Parkanlagen vor dem Hauptbahnhofe errichtete **Marmorstandbild** der † **Kaiserin Elisabeth,** eine Schöpfung von Prof. *E. Hellmer* in Wien, deren vornehme Auffassung und vollendete Durchführung einen tiefgehenden Eindruck hinterläßt.

Umgebung.

Maria-Plain, vielbesuchter Wallfahrtsort, 1 Std. nördlich, Fußweg außerhalb der Elisabethvorstadt beim Bahnhof. Die in edlem Renaissancestil 1674 erbaute K i r c h e ist in ihrer helleuchtenden Front weit sichtbar. Von der Terrasse hat man, besonders abends, einen prachtvollen Ausblick auf die Stadt und die Gebirgskette. In der Nähe vortreffliche Restauration.

Das nördlich von Maria-Plain gelegene Gebiet der **Mattseen** (auch die T r u m e r s e e n genannt) bietet die prächtigsten Hochlandsausflüge mit zahlreichen Aussichtspunkten auf die schöne Umgebung und die Salzburger und Tiroler Voralpen hinüber. Der Ort M a t t s e e (503 m) wird von Jahr zu Jahr beliebter als Standquartier und Sommeraufenthalt. Mattsee ist Sitz eines weltpriesterl. Kollegiatstiftes und eines k. k. Bezirksgerichtes. Sehenswürdig sind: die unter Propst

Anton Ziegler 1908 stilgerecht erneuerte Stiftskirche mit reicher Stuck- und Freskenzier und drei Marmoraltären, die Stiftsbibliothek und Petrefaktensammlung, das dem Andenken des Ekkehard-Dichters gewidmete Scheffel-Museum, das Geburtshaus des Tonkünstlers Diabelli, das Wohnhaus des Dialektdichters Radnitzky und im benachbarten Gebertsham ein gotisches Kirchlein mit sehenswertem Flügelaltar aus dem Ende des 15. Jahrhunderts.

Das Gebiet von Mattsee enthält drei durch Kanäle verbundene Seen, von denen zwei etwa 1 Std. lang und 15—20 Min. breit sind. Im Orte eine gut ausgestattete Badeanstalt und nördlich vom Orte (mit Omnibus in 10 Min., zu Fuß oder mit Kahn in 25 Min. zu erreichen) am Rande ausgedehnter Moorgründe und Waldungen die Moorbadeanstalt Mattsee. Auskunft erteilt der Saisonverein in Mattsee.

Schloß Neuhaus (½ Std. östlich von Salzburg; man folgt der Linzergasse und Schallmooser Hauptstraße oder fährt mit der Tramway bis Parsch), am Fuße des Kühbergs, 1424 erbaut. Die Aussicht vom Turm — zugänglich in Abwesenheit der gräflichen Familie Dubsky — auf das Salzachtal und den Gebirgskranz ist überraschend.

Eine Poststraße führt ansteigend weiter, durch das alte Dorf Gnigl, nach

Guggenthal (1¼ Std., im Sattel zwischen Heuberg und Gaisberg), große Brauerei. Von hier führen Wege rechts zum Gersberg oder Gaisberg (s. u.), links in ¾ Std. auf angenehmem Wege zum

Heuberg (899 m) mit prächtigen Aussichtspunkten. Auf der höchsten Spitze besonders schönes Panorama der Salzburger Voralpen: gegenüber Gaisberg und Nockstein, dann Schafberg, Schober, Traunstein; östlich über das Tal der Salzach hinweg: Stauffen, Wilder Kaiser, Sonntagshorn, Lattengebirge, Untersberg, Watzmann, Funtenseetauern. Abstieg (rot markiert) über Dachslueg (Erfrischungen) in 1½ Std. nach Gnigl.

Der **Gaisberg**, 1286 m, der österreichische Rigi genannt, bietet infolge seiner Lage als letzte größere Erhebung an der Grenze zwischen Alpen und Alpenvorland die prächtigsten und abwechslungsreichsten Panoramen. Es zeigen sich sieben Seen: Chiemsee (an den letzten Höhenzug grenzend), Waginger-, Abstorfer-, Trumer-, Matt-, Seekirchener- und Mondsee. Großartig aber ist das Gebirgspanorama: es umfaßt alle bedeutenderen Spitzen des Salzburger und des angrenzenden Landes. Da stehen im Vordergrund gen Westen (s. das beigegebene Panorama) der dreigipflige Stauffen, das spitze Sonntagshorn, dann die Reichenhaller Berge, Ristfeichthorn und Müllnerberg, weiterhin die Reiteralm und das kahle Lattengebirge; dann der Untersberg mit seinen jäh abfallenden Wänden; nach Süden die Gebirge des Berchtesgadner Landes: Hochkalter, Watzmann, das Steinerne Meer mit den Spitzen: Breithorn, Schönfeldspitze, Funtenseetauern, dann die Göllgruppe, das Hagengebirge zum größten Teil verdeckend, das wild zerklüftete Tennengebirge; ganz nahe der Schlenken und der festungsartige Schmittenstein; nun fesselt den Blick die entfernte Dachsteingruppe: über ihren Schneefeldern zeichnen sich scharf ab die höchsten Erhebungen, als da sind: die Donner-Kogeln, die Graswand, der Hohe Dachstein, das Hohe Kreuz, der Gjaidstein, und endlich im Osten das Tote Gebirg, Schafberg, Priel, Höllengebirge, Traunstein, und nun geht das Gebirgsland nach Norden allmählich in Hügelland über; als letzten Zug erblicken wir in blauer, dämmerhafter Ferne den Bayerischen Wald; die tiefgrüne Ebene mit zahllosen Ortschaften und dem silbernen Band der Salzach endlich beschließt die wundervolle Rundschau. Fassen wir nochmals das Gebirge ins Auge, und zwar diesmal die entferntern Häupter, so sehen wir: hinter den Vorbergen des Stauffen die Kampenwand, den Hochfelln, Hochgern; seitwärts vom Sonntagshorn den Wilden Kaiser bei Kufstein; über dem Lattengebirge erscheinen die Loferer Steinberge, zwischen den kleinen Watzmann und der Schönfeldspitze erblicken wir das Wiesbachhorn, die Gjaidköpfe und bei günstiger Beleuchtung den Großglockner. In dem Sattel des großen und kleinen Göll blinken die

Gletscher der „Übergossenen Alm", und die tiefe Einsenkung des Paß Lueg läßt uns einen Blick tun auf die leuchtende Masse des Ankogels (bei Gastein). Besonders schön ist natürlich das Bild bei Sonnenaufgang oder -untergang.

Den bequemen Besuch vermittelt die **Gaisbergbahn,** eine im Jahre 1887 erbaute, 5,3 km lange interessante

Gaisberg von Parsch aus.

Zahnschienenbahn, System Rigi, 1 m Spur, zumeist 25 Proz. Steigung, durchweg eiserner Oberbau, Aussichtswagen, bergwärts von der Lokomotive geschoben, talwärts mit komprimierter Luft gebremst.

Beginn der Bergbahn in Station P a r s c h (430 m), Restaurant (vom Staatsbahnhof Salzburg nach Parsch 6 Min. Fahrzeit; oder mit der elektr. Straßenbahn ab Staatsbahnhof oder jeder anderen Haltestelle durch den Stadtteil am rechten Ufer zu erreichen). Ver-

kehrsdauer vom 1. Mai bis 15. Oktober. Fahrzeit aufwärts 44 Min., abwärts 50 Min., eine Wagenklasse, Fahrpreise: Parsch—Gaisbergspitze oder umgekehrt 3,50 K, Berg- und Talfahrt mit zweitägiger Gültigkeit 6 K; Kinder bis 10 Jahren die Hälfte. Fahrpreisermäßigungen für Priester, k. k. Offiziere, k. k. Militär-, Hof- und Staatsbeamte in Uniform oder mit Legitimation an der Stationskassa.

Von Parsch aus erreicht die Bahn nach 2,38 km die Station J u d e n b e r g a l p e (735 m); überraschender

...sicht vom Gaisberg auf Salzburg und die Gebirgskette.

Ausblick auf Salzburg, das Salzachtal und die Berchtesgadner Gipfel, schöner Abstieg in den Aigner Park.

km 3,69 Station Z i s t e l a l p e (996 m), gutes Wirtshaus, Abstieg in die Ebenau; von hier ab hochinteressante Fahrt durch 10 m tiefe Felseinschnitte, nachher prächtiger Tiefblick in die Ebene.

km 5,3 Endstation G a i s b e r g s p i t z e; 2 Min. entfernt am Plateaurand *Hotel Gaisbergspitze* (1286 m) mit gut eingerichteten Zimmern, Musikzimmer, Speisesaal, Veranda und Aussichtsturm. Staats-Telephon im Hotel; Postablage in der *Villa Pflander.*

Abstieg über den N o c k s t e i n (1040 m) und von da aus in ½ Std. nach Bräuhaus Guggenthal (s. S. 41).

D i e B e s t e i g u n g des Gaisberges kann zu Fuß leicht in 2½—3 Std. ausgeführt werden, die Wege sind alle gut erhalten:

1. Von Guggenthal (s. S. 41) auf den Gersberg zur Z e i s b e r g a l p e (Restauration) 1 Std. (von hier links Wegweiser auf den N o c k s t e i n, 1040 m, 2 Std., eine kahle Felsenspitze; interessanter Abstieg in 1 Std. direkt auf die Straße bei Guggenthal), nun rechts durch Wald auf gutem Wege (rot markiert) in mäßiger Steigung hinan zur Spitze 1¼ Std.

2. Von den A p o t h e k e r h ö f e n — Weg dorthin um den Kapuzinerberg herum entweder auf der Ischler Poststraße und bei Schloß Neuhaus (s. S. 41) rechts ab, oder auf der Gaisbergstraße, von der Karolinenbrücke links weg — bei der großen Linde Wegweiser links auf den Gersberg (rot markiert) 1½ Std., und nun wie oben.

Noch ein dritter, neu angelegter Weg führt, von ungefähr der Mitte der Straße zwischen Neuhaus und Apothekerhöfen abzweigend, hier herauf.

3. Zur Linde bei den Apothekerhöfen wie oben, nun Wegzeiger rechts in den Wald hinein (rot markiert) in 1 Std. zur J u d e n b e r g a l p e (Restauration). Hier zweigt links ein neuer Verbindungsweg ab zur Gersbergalpe, rechts geht es hinab nach Aigen. Nun weiter (unterwegs zweigt ein zweiter Weg in den Aigener Park hinunter ab) zur Z i s t e l a l p e ¾ Std. (s. S. 45). Prächtige Ausflüge gen Osten in das Ebenauer- und Almbachtal (Ebenau, Faistenau, Faistenauer Hintersee, Hinterwinkel, oder auf dem Rücken des Berges — Gaisberg-Fager — südlich fortwandernd durch die Glasenbachklamm über Ramsau und Hinterwinkel durch das Wiestal nach Hallein, 5 Std., oder auf neugebauter Straße über die Hinterseer Klammen zum Hintersee, 4 Std.). Von der Zistelalpe links in ¾ Std. zur Gaisbergspitze.

Aigen. Bei der Karolinenbrücke zweigt südwärts die

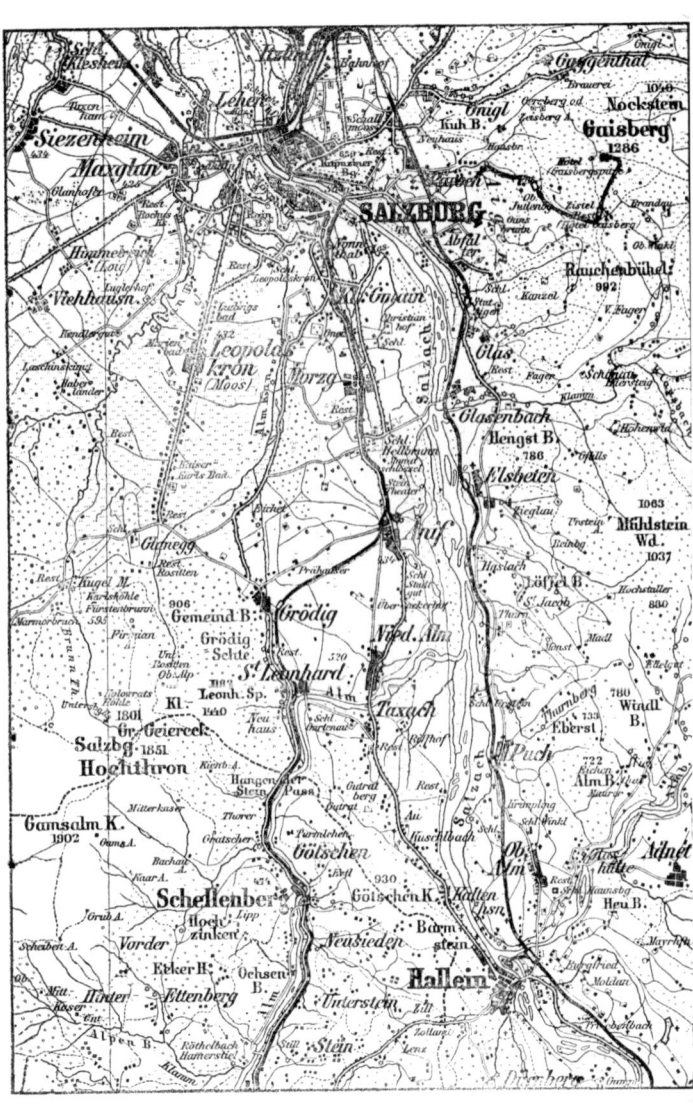

Straße nach Aigen ab, 1 Std. Ein anderer schöner Weg führt von den Apothekerhöfen (s. S. 46) an dem Fuße des Gaisberges entlang dorthin, 1 Std. Mit Recht gilt der P a r k als einer der schönsten; bietet er doch neben den prächtigsten Aussichtspunkten auf das Gebirge und die Stadt — solche sind besonders Watzmannsplatz, Kanzel — an und für sich des Schönen genug; reizend angelegte Waldwege ziehen bald längs des tobenden Wildbaches, bald gehen sie über ihn hinweg, führen zu den idyllischsten Plätzen am malerischen Wasserfall oder zu dem durch den Bach gebildeten See; — so geht es allmählich in die Höhe bis zu den Aussichtspunkten.

Der Park ist am besten morgens zu besuchen. Schloß und Park, jetzt dem Fürsten Schwarzenberg gehörig, haben schon manchen hohen Gast gesehen; auch König Ludwig I. hat Aigen öfter besucht und seiner Bewunderung in gebundener Sprache Ausdruck gegeben.

Auf dem Aigner Friedhof manche schöne Denkmäler, so das prachtvolle marmorne Grabmal der Familie Schindler, und alte Grabsteine aus dem 15. und 16. Jahrh. Nebenan gute und vielbesuchte Restauration, auch Sommerwohnungen. — Man kann auch von Aigen den Gaisberg besteigen (s. S. 45): von der Kanzel links aufwärts zur Rauchenbichleralpe und links zur Zistelalpe, 2½ Std.

Leopoldskron. Außerhalb des Neutores (s. S. 32) führt links ein hübscher Weg zwischen Mönchs- und Reinberg in 20 Min. dahin. Auch durch die Nonntaler Hauptstraße bis zum Hahnwirtshause, dann rechts am neuen städtischen Versorgungshaus vorüber zur Allee, gelangt man in 35 Min. dahin.

Das Schloß mit schönen Sälen, prachtvoll gelegen, wurde 1736 vom Erzbischof Leopold Graf Firmian errichtet. Besichtigung der Halle, Stiegenhaus, Marmorsaal, Schloßkapelle, vom 15. Juni bis 15. September von 3—5 Uhr nachmittags gegen Eintrittskarten à 50 h. Großer Weiher mit Kahnfahrt. Schwimmbad, Restauration.

Von Salzburg her durch das Neutor gelangt man an der Vorstadt Riedenburg vorbei um den Reinberg herum auf die M o o s s t r a ß e , die in schnurgerader

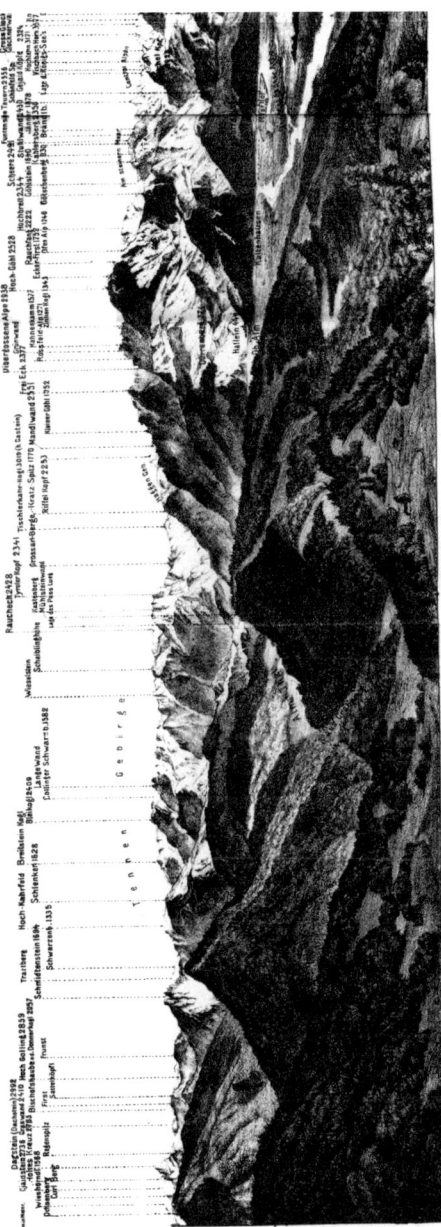

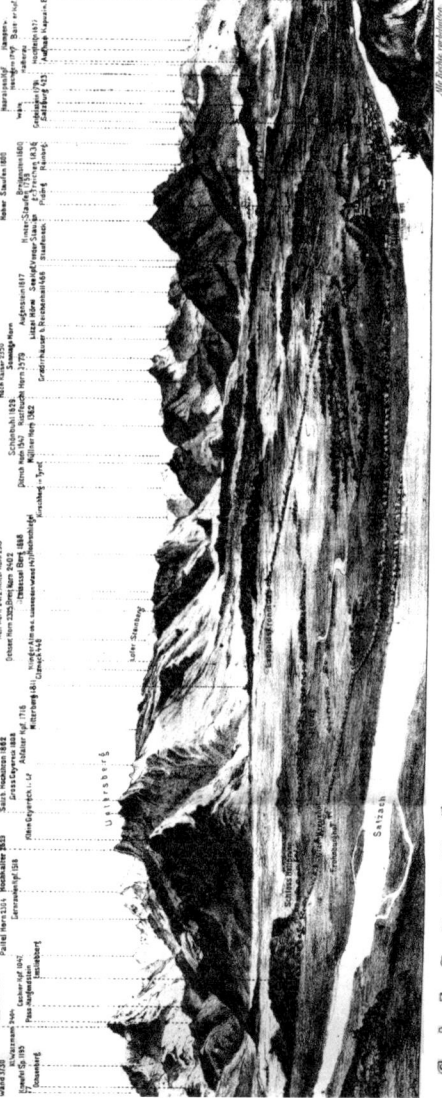

GAISBERG.

Richtung zum Untersberg hin nach **Glanegg** und **Fürstenbrunn** führt. An ihr liegen die M o o s b ä d e r mit Gasthaus: *Ludwigsbad*, ½ Std.; dann gelangt man zum M a r i e n b a d , 1 Std., auch Dampf- und Solbäder. Täglich auch mehrmals Omnibusverbindung vom *Goldnen Horn* bzw. *Blaue Gans* in Salzburg nach dem Marienbad und zurück.

Von den Moosbädern weiter zum *Gasthaus zum grünen Wald* am Ende der Moosstraße und am Fuß des Untersberges, 1¾ Std., nun rechts nach **Glanegg,** 2 Std., mit altem Schloß am nahen Hügel.

In einer weiteren ½ Std. erreicht man die **Kugelmühlen,** 2½ Std. (Gastwirtschaft etwas abseits an der Straße), an dem herabbrausenden Glanbach gelegen, dessen Kraft die Marmorsägen und die Marmor-Kugelmühlen (sehr interessant) treibt. Von hier in ½ Std. hinan zu dem **Fürstenbrunnen** (595 m). Der Glanbach bricht hier aus dem Felsen heraus und stürzt in prachtvollen Fällen in die Tiefe. Die überaus frische Quelle versorgt den größten Teil der Stadt Salzburg durch eine Röhrenleitung mit vorzüglichem Wasser. Von Fürstenbrunn und Glanegg guter Weg nach Grödig (s. S. 52) zur Trambahnstation (40 Min.).

Besteigung des Untersberges von Glanegg aus s. S. 71.

Vom Fürstenbrunnen führt die Straße weiter durch Wald am Fuße des Untersberges entlang in 2 Std. nach dem österreichischen Dorfe **Großgmain** (beliebte Sommerfrische). *Gasthof Untersberg* mit 2 Dependancen, *Gasth. Kaiser Karl* mit 2 Dep.; *Pension Waldgrün*. Zahlreiche Privatwohnungen. Tennisplatz. Auskunft durch den Verschönerungsverein. In der Kirche vier äußerst wertvolle Temperagemälde, angeblich von *Zeitblom*. Die Burgruine Plain bietet einen malerischen Ausblick auf das Steinerne Meer usw. Von Großgmain in ½ Std. nach R e i c h e n h a l l (s. S. 67).

Mit der elektrischen Trambahn über Hellbrunn, Drachenloch nach Berchtesgaden und Königssee.

Die Stationen der Salzburger Eisenbahn und Tramway (s. S. 17) sind von Nonntal ab:

Kommunal-Friedhof. Der Friedhof (von der Haltestelle 5 Min. entfernt) ist seiner herrlichen Lage wegen eine Sehenswürdigkeit ersten Ranges, aber auch als Bauwerk interessant. Arkaden-Umgänge mit künstlerisch bedeutenden Denkmälern. Leichenhaus mit zierlicher Kuppel. Vor dem Friedhofe O b e l i s k zum Andenken an die Gefallenen des Infanterieregiments Erzherzog Rainer, enthüllt 1882. Weiter folgt

Hellbrunn, kaiserliches Schloß, 1613 von Erzbischof Markus Sittikus erbaut und reich ausgestattet (Besichtigung s. S. 22). Der prächtige Park (mit vorzüglicher Restauration) enthält mancherlei Wasserkünste, so das mechanische Theater mit einem durch Wasserkraft bewegten Orgelwerk und beweglichen Figuren; die Grotte mit einem Spritzwerk, das eine Krone hebt und senkt; Orpheus und Eurydice in einer Grotte. Die Neptunsgrotte mit 5000 Spritzröhren, Ruinen, Vogelgesang und Platzregen; ein langer Steintisch mit Steinbänkchen, aus denen der ahnungslos sich Setzende von allen Seiten mit Wasserstrahlen übergossen wird, und noch andere Gruppen. Auf einem bewaldeten Hügel liegt das sogen. Monatsschlößchen (in einem Monate von Markus Sittikus erbaut), weiter die Watzmannaussicht und das Steinerne Theater, in welchem musikalische Aufführungen stattfanden und das auch jetzt noch bei gelegentlichen Anlässen benutzt wird. Bergab kommt man durch den Hofgarten mit Eichen und großen Fichten zur Restauration und

Schloß Hellbrunn.

Bahn. Neben der Bahnstation das Pörnbachersche **L a n d e s r e l i e f** von Salzburg im Ausmaße von über 3000 qm; sehr sehenswert (40 h).

Die nächste Haltestelle ist

Anif (½ Std. von Hellbrunn). Das Schloß, schon 1218 erwähnt, wurde 1848 von dem früheren Besitzer Grafen Arco-Stepperg in gotischem Stil umgebaut und liegt mitten in einem Weiher. Schöne Kunstsammlung. (Besuch nicht mehr gestattet.) Restauration im Dorfe.

Die Bahn wendet sich nach rechts und gelangt nach **Grödig** (¾ Std., 1½ Std. von Salzburg, hübscher Fußweg dem Almkanal entlang), Dorf am Fuße des Untersberges. Marmorbrüche, Hammerwerke, Brauerei mit gutem Gasthaus. In der Nähe der **G o s l e i e r F e l s e n**, Aussichtspunkt, ½ Std. Besteigung des Untersberges von Grödig aus s. S. 70.

Von hier aus erreicht man nach kurzer Fahrt die Stationen

St. Leonhard-Gartenau und **Drachenloch**. Gute Restauration. Einige Minuten weiter Schloß **G a r t e n a u**, jetzt zur Zementfabrik Gebr. Leube gehörig. Besteigung des Untersberges s. S. 70.

Weiter folgen die Stationen Hangender Stein (österreichische Zollstation), Schellenberg (bayerische Zollstation), Almbachklamm, Au, Bergwerk, Breitwiesenbrücke, Berchtesgaden.

Die Fahrstraße führt am Fuße des Untersberges und an der Königssee-Ache entlang über die Grenze „Hangender Stein" an einem alten Turm und der bayerischen Maut vorüber nach **Schellenberg,** ¾ Std., malerisch gelegener alter Markt (*Forelle, Zur Ache, Zum Schafferwirt, Zum Untersberg; Café: Ponn Johann*). Zahlreiche Privatwohnungen. Post, Telephon. Wannenbäder. Schöne neue Kirche mit Anlagen, Kriegerdenkmal. Wintersport. Ausflüge und Bergtouren in reicher Auswahl. Ueber den Vorberg links führt ein hübscher Weg in 1½ Std. nach Hallein (s. S. 74).

Auf der Landstraße weiter zur **Almbachklamm,** ¾ Std. (Wirtshaus, Haltestelle der elektr. Bahn); über die Brücke ein Fußweg in ¼ Std. in die leicht begehbare

Nach Berchtesgaden und Königssee.

Almbachklamm.

K l a m m (sehr sehenswert, Stege, Stufen und 36 Brücken führen 1½ Std. hinein). Ein markierter, sehr lohnender Weg führt von da weiter durch die Klamm bis zur

Theresienklause und von hier ein Weg aus der Schlucht hinaus auf die lieblich begrünten Höhen von Gern mit prächtigen Blicken auf Watzmann, Hochkalter und Steinernes Meer. Von hier kommt man in 2 Std. hinab nach Berchtesgaden. Überall markierte Wege.

Vom Wirtshaus *Zur Almbachklamm* gelangen wir in 1½ Std. (nach ¼ Std. links Straße von Hallein herab und Zill) nach Berchtesgaden.

Berchtesgaden,*) 3000 Einw., war bis zur Säkularisation ein geistliches Stift unter einem fürstlichen Propst; 1802 wurde es dem Herzogtum Salzburg zugesprochen, 1805 fiel es infolge des Friedensschlusses samt Salzburg an Österreich; der Wiener Friede von 1810 brachte es endlich an Bayern.

Berchtesgaden ist berühmter Luft- und Badekurort (Sole-, Fichtennadel- und Moorbäder, Terrainkuren), Sommerfrische und Winterstation. Kurtaxe: Tagestaxen zu 25, 50 und 75 Pf. bis zu den Höchstsätzen von 5, 10 und 15 Mark.

Im Mittelpunkte des Marktes ist sehenswert die ehemalige Residenz der Pröpste, jetzt königliches Schloß. Nebenan die schöne S t i f t s k i r c h e , mit romanischen Resten aus dem 12. Jahrh. (das innere Portal und die Unterteile der Türme), der zierliche Chor gehört der späteren Gotik an, wie auch der größte übrige Teil der Kirche; im Innern schöne geschnitzte Chorstühle von 1449 und Denkmäler der Pröpste. Zwischen Kirche und dem Stiftsgebäude ist der interessante K r e u z g a n g , der romanischen Periode angehörig, mit zahlreichen Grabdenkmälern und zierlichen Marmorsäulen. Ferner das Kriegerdenkmal, die Pfarrkirche, die zweischiffige gotische Franziskanerkirche aus dem 16. Jahrh., Turm aus dem 17. Jahrh., der Löwenbrunnen, die auf Befehl König Max' II. im Jahre 1851 erbaute Königliche Villa mit schönem Park und Erzstandbild des Prinzregenten davor; das M u s e u m mit Ausstellung und Sammlung des Vereins für Geschichtskunde des Berchtesgadener Landes, dann die Schnitzereiläden und die

---

*) Ausführlicheres siehe in Woerl's Spezialführer Berchtesgaden (Preis 50 Pfg.).

Berchtesgaden.

Distriktszeichen- und Schnitzschule mit den sehenswerten Sammlungen des Historischen Vereins Berchtesgaden.
Unterkunft in Berchtesgaden und den umliegenden Gemeinden in großer Auswahl. Wohnungsnachweis für den Markt durch die Geschäftsstelle des Verschönerungs-, und Fremdenverkehrs-Vereins in Berchtesgaden, Lesehalle; für die Außengemeinden Salzberg, Königssee, Schönau, Bischofswiesen durch den Fremdenverkehrsverein Berchtesgaden-Land, Geschäftsstelle im Hotel Schwabenwirt in nächster Nähe des Bahnhofs.

Das Bergwerk ist sehr interessant; es wird jährlich von über 30—40 000 Personen besucht. Allgemeine Einfahrt täglich ½9—½12 und ½3—½6 Uhr mit Ausnahme des ersten Pfingstfeiertages, da an dem Tage das Bergfest stattfindet. Karten à 2 Mk. im Zechengebäude erhältlich, wo man auch Bergmannskleider und Grubenlicht bekommt. Außerhalb obiger Zeiten werden für Gesellschaften (1—12 Personen) besondere Fahrten zum gleichen Personenpreis ausgeführt mit Zuschlag von 3 Mk. für die Gesellschaft. Kinder unter 10 Jahren zahlen die Hälfte. Salinenbesichtigung 50 Pfg.

Hat man die Knappenkleidung angelegt (Damen erhalten weiße Höschen, eine Leinenbluse und eine blaubebänderte schwarze Kappe; es fehlt auch das Bergleder nicht) und eine Laterne in Empfang genommen, wird man in Partien zur Einfahrt geführt. Man geht durch den Ferdinandsstollen geradeaus, zweigt nach links ab, steigt nun 116 Stufen aufwärts und gelangt zum See, einem mit Sole gefüllten und elektrisch beleuchteten Sinkwerk oder Bassin, das einen überraschenden Anblick bietet. Solche Sinkwerke zählt das Bergwerk 40, sie dienen dazu, das Gestein auszulaugen. Hat das Wasser 26½ Proz. Salzgehalt, wird es als Sole abgeleitet und versotten; die überschüssige Sole, welche in Berchtesgaden nicht verarbeitet wird, läuft durch die Soleleitung nach Reichenhall, wo der Überschuß nach Rosenheim weitergeleitet wird. Am See besteigt man einen Nachen und fährt an das jenseitige Ufer. Man geht dann eine

Stiege aufwärts und kommt nach kurzem Wege durch
eine gänzlich gefahrlose Rutschbahn hinab in den Dom
des Kaiser-Franz-Sinkwerkes und von da durch eine
zweite Rutschbahn in die Tiefe dieses Sinkwerkes,

Ausfahrt aus dem Bergwerk auf dem sog. „Wurstwagen".

das jedoch nicht mehr ausgebeutet wird. Von hier
steigt man auf bequemem Wege empor, begibt sich
noch zur sog. Kapelle, einer Nische, in der aus lauter
Salzsteinen Transparente hergestellt sind, die Viel-
farbigkeit des Gesteins gewährt einen schönen Anblick;

dann geht man noch wenige Schritte in einen anderen Stollen, besteigt den sog. Wurstwagen, der auf Eisenschienen läuft, um nach kurzer Fahrt ans Tageslicht zu kommen. Die sehr lohnende Besichtigung des Bergwerks erfordert etwa 1 Std. und ist vollständig gefahrlos und jedem zu empfehlen, zudem im Berge überall die größte Reinlichkeit herrscht. Im Fremdenzimmer angelangt, legt man das Bergknappenkostüm ab. Die Annahme von Trinkgeld ist dem Personal verboten.

Das „Berchtesgadener Ländchen", im Umfang weniger Stunden mit allen Naturschönheiten ausgestattet, die die Alpen aufzuweisen haben, bietet die lohnendsten Ausflüge und Touren. Es ist umschlossen vom Untersberg, dem Lattengebirge, der Reuteralpe, den Felsenthronen des Hochkalter und des Watzmann, dem Steinernen Meer und dem Hohen Göll; die Bischofswieser, Ramsauer und die Königsseer Ache tragen kühlend ihre Fluten durch die Täler. Alle Wege sind sehr gut gehalten und mit Wegzeigern reichlich versehen.

Die Perle des Landes ist der **Königssee.**

Von **Berchtesgaden** nach **Königssee** elektrische Bahn in 15 Min.; Einsteigehalle jenseits der Ache, 3 Min. vom Hauptbahnhof. (Fahrpreis 30 Pfg.) Für Fußgänger eine Reihe prächtiger Wege, größtenteils durch Wald; die Straße von Salzburg her zweigt schon vor dem Markt bei der ersten Brücke ab.

Am Landeplatze drei Gastwirtschaften, sowie Post-, Telegraph- und Telephonstation; es finden täglich Rundfahrten mit Motorbooten statt, außerdem Separatfahrten in Kähnen (1—6 Personen) und in gedeckten Gondeln (7—20 Personen). Fahrplan und Tarif am Landungsplatz.

Der Königssee ist von ganz außerordentlicher Schönheit und unstreitig einer der malerischsten aller Alpenseen. Die Färbung des Sees ist tiefgrün, das Wasser klar und stellenweise sehr tief, bis 185 m. Gewaltige Berge umstehen seine Ufer und geben ihm einen ernsten Charakter, der anmutig gemildert wird durch die unbeschreiblich malerisch schöne, stets wechselnde Szenerie. Der See hat eine Länge von 8 km und eine Breite von

1,2 km. Zuerst fährt man an der Insel C h r i s t l i e g e r. oder S t. J o h a n n vorüber, auf der Kanzler Zeidlmayer 1712 zum Danke für Errettung aus Sturmesgefahr ein Standbild des hl. Nepomuk errichtete. Die graue Wand, welche bei der Weiterfahrt schroff herausspringt, ist der F a l k e n s t e i n (1312 m), an dem im 18. Jahrh. ein Schiff mit Wallfahrern versank. Nun biegt der Kahn um die Ecke dieser Wand, und vor dem ent-

Ländeplatz am Königssee.

zückten Auge liegt das herrliche Bild des eigentlichen Königssees. Am Königsbach vorbei, der links herabfällt, rechts die Wände des Falkensteins. Den Hintergrund bilden die gewaltige Sagereckwand, die Grünsee- und Funtenseetauern, die Schönfeldspitze, ganz rechts der wilde Hachelkopf. Unten in idyllischer Ruhe liegt das Kirchlein und Jagdschloß S t. B a r t h o l o m ä. An der Schallwand schießt der Ruderer eine Pistole ab und erweckt ein prachtvolles achtfaches Echo. Hier

befindet sich die tiefste Stelle des Sees. Bei der **Kesselalpe** wird gelandet. Man kann durch die Anlagen
in 6 Min. emporsteigen zum eigentlichen Kessel, einer
wilden Felsschlucht mit zwei Wasserfällen. Lohnend
ist der kurze Weg besonders durch den prachtvollen
Blick auf den gewaltigen Watzmann, der hier in
majestätischer Großartigkeit vor uns aufragt (2714 m).
Vom Kessel aus besteigt man in 3 Std. (auch Reitweg)

St. Bartholomä.

die herrlich gelegene **Gotzenalpe** (keine Unterkunft;
nur Milch in Almhütten erhältlich). Für Rückfahrt
vom Kessel bestelle man rechtzeitig ein Schiff beim
Schiffmeister. Wir nähern uns jetzt der schönsten
Stelle des Sees, fortwährend hat man den Watzmann
vor sich. Links ragt die Hachelwand (2085 m) empor
und darüber noch immer höher Berg auf Berg. Der
Kahn gelangt nun nach dem freundlichen

St. Bartholomä (603m). Im Gasthause guter Bartholomäschmarren und Saiblinge. Tarif für Speisen und Getränke mit mäßigen Preisen angeschlagen. Bei starkem Besuche gibt's nicht immer Saiblinge. Nachtquartier wird nicht gegeben.

Bei der Weiterfahrt steuert der Kahn der Sagereckwand zu, fährt rechts am Schreinbachfall vorbei und landet an der Saletalp. Von hier zu Fuß in ¼ Std. an der Villa des Herzogs von Meiningen vorüber zu dem

Obersee.

Obersee (610 m). Es ist ein Bild von tiefernster überwältigender Schönheit, das sich uns darbietet. Kein Laut stört die in ihrer Wirkung großartige Ruhe. Selbst das schwache Rauschen des Rötbachfalles, der aus einer Höhe von 470 m fast zu Staub geworden herabfällt, vermehrt fast noch die geisterhafte Ruhe, welche hier herrscht. Die Beleuchtung ist am schönsten gegen Abend, dann gibt sich auch die Rückfahrt am herrlichsten. —

62 Nach Berchtesgaden und Königssee.

Von Spaziergängen und Ausflugszielen in der Umgebung Berchtesgadens sind noch zu nennen:

Der **Lockstein,** ½ Std., höchst lohnender Aussichtspunkt in nächster Nähe der Stadt. Restauration. Von da absteigend am Etzerschlößchen vorbei, auf schönem Waldweg zur Wallfahrtskirche Gern, ¾ Std.

Die **Scharitzkehlalp** (1024 m), 2½ Std., in einem majestätisch schönen Hochtale zwischen Kehlstein (Göhlstein),

Scharitzkehlalpe.

Hohem Göll und Brettwand gelegen. Bewirtschaftete Alphütte. Aufstieg beim Anfang der Königseer Straße links. Von der Scharitzkehlalp weiter nach Vorderbrand, Pension, und auf den Brandkopf (1157 m) mit Blick auf den Königssee; Abstieg nach Königssee.

Ober- und **Untersalzberg,** ein von Wiesen und Wald durchzogenes Gelände mit stattlichen Bauerngehöften, Villen und Pensionen, bis 1100 m aufsteigend, wird als klimatischer Kurort besucht. Bezeichnete Wege nach Scharitzkehl und Vorderbrand (s. oben).

Die Wimbachklamm bei Berchtesgaden (s. S. 64).

Kneufelspitze (1189 m) 2½ Std., Weg zweigt von der Villa Alpenruhe (Störschloß) ab.
Toter Mann (1388 m), leicht und lohnend, 3 Std. Markierte Aufstiege von Ilsank, Ramsau und dem Bischofswieser Forsthaus an der Reichenhaller Bahnlinie.
Wimbachklamm.*) Bezeichneter Weg von Königssee links zur Klamm, 1½ Std. Von Berchtesgaden führt die Straße durch das Tal der R a m s a u e r Ache über Engedei nach I l s a n k, 1¼ Std., Wirtshaus. Hier ist das größte Druckwerk der ganzen Solleitung; die Maschine hebt die Sole 360 m hoch. Wegweiser auf Waldwegen zur Klamm, oder auf der Straße fort bis zum Eingang ins Tal, je ½ Std. Unten Wirtshaus; nun in die außerordentlich schöne und malerische Klamm, die man bis zum Ausgang, 20 Min., verfolgen kann. Hinter der Wimbachklamm liegen die Quellfassungen der neuen, im Jahre 1906 vollendeten Wasserleitung des Kurortes und Marktes Berchtesgaden. Durch das Tal weiter hinan zum Jagdschlößchen (Wirtshaus), 1¼ Std.

Vom Eingang der Klamm in ½ Std. nach
Ramsau*) (drei Gasthöfe), in ungemein reizender Lage an der Ache, ein wahres Eldorado, bevorzugter Aufenthalt von Landschaftsmalern. Hier mündet eine Straße, die am Taubensee, der Schwarzbachwacht (890 m, Wirtshaus) und am Staubbachfall vorüber nach Reichenhall führt (s. S. 67).

Hinter Ramsau führt die Straße weiter nach 20 Min. links ab in ¾ Std. zum bergumschlossenen
Hintersee.*) Gasthäuser und Pensionen: *Zur Post, Gemsbock; Gasth. Hintersee* (einfach). Die Mühlsturzhörner und der Hochkalter spiegeln sich in seinen Fluten; weiterhin erblickt man Reiteralp und Hohen Göll, letzterer an schönen Abenden mit Alpenglühen übergossen und sich prachtvoll im See spiegelnd. Von hier auf den Hirschbichl (1170 m, 3 Std.) *(Gasth. Mooswacht)*, und dann, an der S e i ß e n b e r g k l a m m, einer der schönsten und großartigsten der Alpen, vorüber nach Weiß-

---
*) Motorpostfahrt: Berchtesgaden—Wimbachklamm 80 Pf. — Ramsau 90 Pf., Berchtesgaden—Hintersee 1,50 Mk.

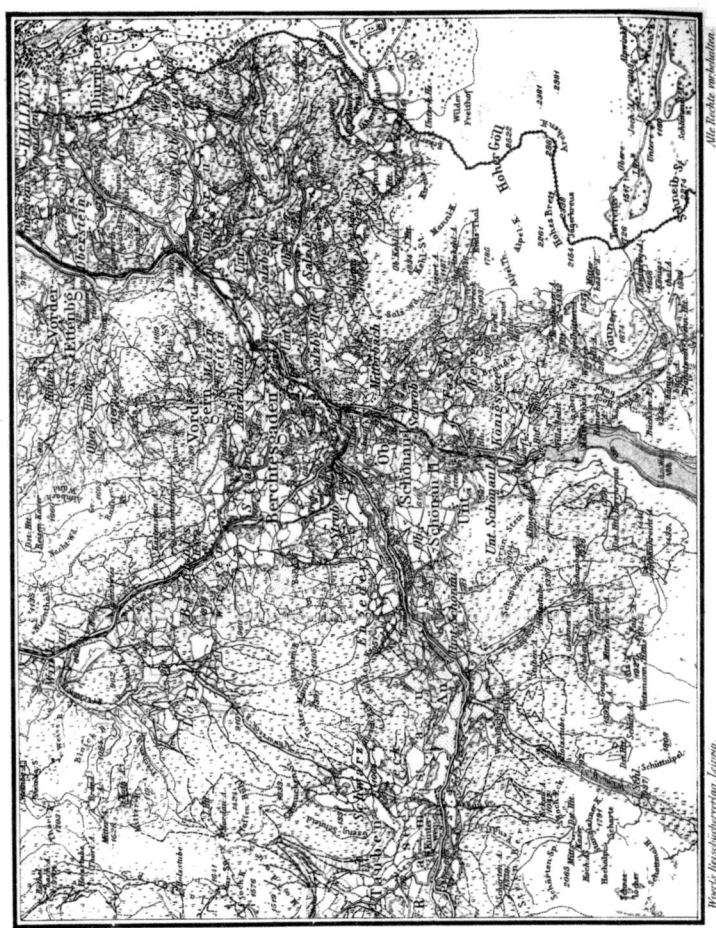

Nach Berchtesgaden und Königssee. 65

bach im Saalachtal, von wo die von Lofer (s. S. 67) kommende Straße über Frohnwies (gutes Gasthaus, hinter dem ein markierter Steig in Serpentinen zum Purzlbachfall zeigt) nach Saalfelden und weiter nach Zell am See führt (s. S. 87).

B e r g t o u r e n von Berchtesgaden aus:
Untersberg (s. S. 69).
Kehlstein (Göhlstein) (1882 m), 4 Std., markiert über den Salzberg und die Kehl-Alpe.

Hintersee.

Roßfeld (1550 m), 4 Std., markiert. Nach Obersalzberg (s. S. 62), nun rechts zum Eckersattel (nach Golling hinab s. S. 80), dann links zum Roßfeld über den Kamm in 1½ Std.
Jenner (1874 m), 4 Std. Von Berchtesgaden über Vorderbrand (s. S. 62) oder von Königssee zur Königsbergalpe, 2½ Std., und dann links in einer Stunde hinan.
Torrener Joch (1728 m), 3½ Std., markiert. Von der Königsbergalpe (s. o.) in ½ Std. auf das Joch (siehe auch S. 82). (Über die Torrener Wasserfälle durch das Bluntautal, 5 Std.)

Woerl's Führer durch Salzburg. 18. Aufl. 5

Der Hohe Göll (2519 m), 7 Std. (nur für Geübtere mit Führer), zum Eckersattel (s. S. 65) und Purtschellerhaus, von hier wie S. 80 oder direkt vom H o c h b r e t t (2337 m), 5½ Std., vom Torrenerjochweg.

Steinernes Meer, markiert, doch ist Führer angenehm. 1. Über den Königssee zur Saletalpe, nun die Sagereckwand hinauf (prachtvoll, doch nur für Schwindelfreie) zum Grünsee und zum Funtensee. Dort U n t e r k u n f t s h a u s (1652 m) (15. Juni bis 1. Oktober bewirtschaftet). 2. Über den See nach St. Bartholomä, den Schreinbach hinauf zur Alpe, nun die Saugasse in zahlreichen Windungen hinan zur Oberlahner Alpe (hier mündet der interessante Weg um den Watzmann herum vom Jagdschloß im Wimbachtal her) und zum Karlingerhaus am Funtensee, 5 Std. Von diesem Übergange nach Saalfelden: a) In 6 Std. über die Ramseiderscharte, 2130 m, mit Riemannhaus (der Sektion Ingolstadt des D. u. Ö. A.-V.); von hier auf das Breithorn, 2496 m (in 1 Std. mit Schutzhäuschen, große Fernsicht); auf den Sommerstein ½ Std.; Schönfeldspitze (2651 m) 2 Std.; b) über die Dießbachscharte, 5½ Std.

Watzmann, Hocheck, nördliche Spitze (2712 m), 5 Std. Neuer Alpenvereinsweg markiert: von Ilsank oder der Mündung des Wimbachtals durch den Schappachgraben über Mitterkaser und Falzalpe, zum M ü n c h e n e r H a u s (1927 m). In 2 Std. zum Gipfel, und von hier auf neuem versichertem Wege zur mittleren (höchsten) Spitze (2714 m), großartige Aussicht (Glockner, Tiroler Gruppen); der südliche Gipfel, Watzmannsüdspitze, auch Schönfeldspitze genannt (2651 m), ist von der Sektion München etwas besser zugänglich gemacht. Doch setzt die Tour von der Mittel- zur Südspitze nicht nur a b s o l u t e Schwindelfreiheit, sondern auch touristische Gewandtheit und Trittsicherheit voraus. Ohne Führer niemals zu raten.

Hochkalter (2619 m) und B l a u e i s (1900 m), nördlichster Gletscher der deutschen Alpen. Vom Hintersee oder Ramsau mit Führer; anstrengend.

Kammerlinghorn (2483 m), leicht und lohnend, 8—9 Std., neu markiert, Führer unnötig. Vom Hintersee weiter zum Hirschbichl, bei der Mooswacht links hinan, von hier 3½—4 Std.; Aussicht ähnlich der des Watzmann. Gewandte Kletterer können in ½ Std. zur Hocheisspitze (2518 m) hinüber kommen.

Von Salzburg nach Bad Reichenhall (Berchtesgaden), Lofer, Saalfelden, Zell am See.

Von Salzburg gelangt man nach Bad Reichenhall mit der Eisenbahn über Freilassing; außerdem wenig besuchte Chaussee über das Walser Feld und den Walser Berg, 3 Std., oder die Moosstraße und am Fuß des Untersbergs entlang über Großgmain (s. S. 49), 5 Std.

Bad Reichenhall, 6500 Einw., Stadt und berühmter Badeort, liegt reizend in dem Saalachtale, ringsum eingeschlossen von den Bergriesen Untersberg, Lattengebirge, Dreisesselkopf, Stauffen. Die Zahl der Kurgäste beträgt im Jahr gegen 16 000, die der Passanten 18 000.

Nach Berchtesgaden kann man entweder mit der Bahn über Hallturm (700 m), jetzt stattliche Luftkurstation (40 Min. entfernt der Hintersberg mit sehr lohnender Aussicht) fahren oder zu Fuß oder mit Wagen auf der Straße neben der Bahn. Eine weitere lohnendere Fußwanderung bietet sich dem großartigen Saalach-Kraftwerk mit Saalachsee entlang über Jettenberg, zur Schwarzbachwacht hinan und am Taubensee vorüber durch die Ramsau nach Berchtesgaden (s. S. 64). Näheres siehe in Woerl's Führer: Reichenhall und Umgebung (50 Pfg.).

Von Bad Reichenhall führt eine Straße am tiefgrünen Thumsee vorüber (vorher rechts oben die St. Pankraz-Kapelle, hübsche Aussicht, und die Ruine Karlstein) nach Unken (Gasthöfe und Privatwohnungen), von wo man die hochromantische Schwarzbergklamm (852 m) in 2½ Std. besuchen kann. Von Unken führt die Straße weiter in 2½ Std. nach **Lofer,** dem Glanzpunkt der Strecke, in prachtvoller Lage an der Saalach, inmitten hoher, vielfach schneebedeckter Berge, besuchte Sommerfrische und klimatischer Kurort (Moorbäder). Bei Lofer, 1½ Std. entfernt, die L a m p r e c h t s o f e n - l o c h h ö h l e n, sehenswerte Kalksteinhöhlen (Eintritt 1,50 K). Bergtouren in das Lofener Steingebirge einschließlich Hinterhorn (2503 m), Ochsenhorn (2513 m) je 5—6 Std.

Von Lofer weiter über Weißbach (s. S. 64) nach S a a l f e l d e n (s. S. 87); von hier mit der Bahn nach Z e l l a. S. (s. S. 87).

Zwischen Salzburg—Lofer, Reichenhall—Unken—Lofer, Lofer—Saalfelden und Lofer—St. Johann i. T. in den Sommermonaten regelmäßige Automobil-Post-Verbindung 5 mal täglich.

Lofer gegen die Steinberge.

Der Untersberg.

Wer von Norden oder Westen nach Salzburg kommt, dem fällt gewiß sogleich die charakteristische Gestaltung dieses Sagenberges, das Wahrzeichen Salzburgs, auf. Es ist ein völlig isolierter Gebirgstock von sechs Meilen Umfang, mit steil abfallenden Abhängen und einem Zug von Gipfeln und Erhebungen am Nordostrande. Das geneigte Plateau ist scheinbar ziemlich eben; dringt man tiefer ein, so zeigt sich ein Gewirr von Trichtern, Buckeln, Erhöhungen, gewellten Steinfeldern, die das Fortkommen ungemein erschweren. Hochinteressant sind die Höhlen, zum Teil mit Eisgebilden. Der D. u. Ö. Alpenverein hat für Zugänglichmachung des Berges durch rot markierte Wege und zwei Unterkunftshäuser gesorgt. Ungeübte mögen nur die zwei ersten der nachbenannten Wege begehen. Geübtere können alle nachstehend als rot markiert aufgeführten Wege ohne Führer, natürlich aber nur bei klarem Wetter, machen.

Der Geologe und der Botaniker finden auf dem Berge ein wahres Eldorado für ihre Forschungen; der den Gosauschichten angehörige Marmor führt zahlreiche Versteinerungen, der Berg selbst besteht aus 16 Schichten, und die Flora, besonders reich Ende Juni, zählt bei 200 Arten. Bei solchen Ausflügen ist ein Führer unbedingt notwendig.

a) **Rosittental, Dopplersteig, Untersberghaus.** Vom Gasthaus „*Zum grünen Wald*" am Ende der Moosstraße (s. S. 49) bei der Tafel in den Wald, nach 5 Min. bei den Kalköfen rechts bergan, auf neuem prächtigen Wege längs des Rosittenbaches, leicht ansteigend, in ¾ Std. zur Unteren Rosittenalpe (links führt ein Weg über das Grödiger Thörl von Grödig [s. S. 52] in 1¼ Std. hinauf); dann weiter (rechts Quelle) über verwittertes Felsgestein in 1¼ Std. zur O b e r e n R o s i t t e n a l p e (1287 m), prächtig unter den Wänden des Geyereck gelegen. Von hier weiter nach 10 Min. bei der Wegtafel rechts (links Schellenberger Sattel, siehe unter b), nach 5 Min. abermals Wegtafel (links zum Dopplersteig), rechts in 10 Min. zum Eingange der K o l o w r a t s h ö h l e (gut abkühlen, Mantel oder Übertuch, da eine eiskalte Luft der Höhle entströmt). Auf Stufen mit Geländer hinab in die ungeheuere Höhle auf den gefrorenen See, Eissäulen, im Hintergrunde ein gefrorener Wasserfall. — Beim Rückwege rechts schmaler Weg zum D o p p l e r s t e i g, gefahrlos, mit Drahtseilen und Geländern versehen (links in 2 Min. zu den pittoresken Gamslöchern), nun den hochinteressanten, in die Felsenwand gesprengten Steig in ziemlich starker Steigung hinan auf das Plateau des Geyereck, ½ Std., und auf diesem fort in ¼ Std. zum *Unterkunftshaus* (1663 m), 1912 abgebrannt, jetzt durch ein bedeutend größeres ersetzt. Meteorologische Station (auch im Winter). Von hier hinan auf die Spitze des G e y e r e c k (1801 m), ½ Std. Großartige Aussicht auf das Steinerne Meer, Übergossene Alp, Göll, Dachsteingruppe, die Voralpen und die Salzburger Ebene.

Auf dem Kamme des Gebirges weiter in ¾ Std. zum S a l z b u r g e r H o c h t h r o n (s. S. 71). Prachtvolles Panorama, noch freier als vom Geyereck.

b) Schellenberger Sattel, Dopplersteig, Untersberghaus. Von Drachenloch (s. S. 52) auf der Straße weiter bis zur Wegtafel, ¼ Std.; nun den Weg hinan und gleich l i n k s ab zur lieblich gelegenen K i e n b e r g - A l p e , ¾ Std. (nur im Frühjahr und Herbst bezogen), dann rechts hinan (links führt der Weg zur Schellenberger Eishöhle, s. S. 71) am D r a c h e n l o c h , einem großen, durch Verwitterung entstandenen Felsentor, vorbei, zu einer Quelle (der Steig links führt von der Schellenberger Eishöhle her) und schließlich etwas steil hinan (links kommt nach einigen Minuten ein zweiter Steig von der Schellenberger Eishöhle her) zum S a t t e l (1433 m), 2½ Std., prächtiger Aussichtspunkt; in ½ Std. kommt man auf den Weg, der von der Rosittenalpe heraufführt, zur Kolowratshöhle und dem Dopplersteig.

c) **Schellenberger Eishöhle** (1580 m). 1. Durchs Rosittental hinan (s. S. 69), oberhalb der Oberen Rositten-Alpe (man kann den Besuch der Kolowratshöhle damit verbinden) links ab zum Schellenberger Sattel, 2¾ Std., nun hinab und bei der ersten (oder auch ¼ Std. weiter unten bei der Quelle der zweiten) Wegteilung rechts ab, den Wänden des Geyereck entlang, auf beschwerlichem Wege in 2 Std. zur Höhle (prächtige Eisgebilde, Nadeln, Säulen). 2. Von Drachenloch zur Kienbergalpe (wie bei b), dann links über den Bach (dort auch Quelle), nun hinauf (bei der Teilung nach etwa 1 Std. rechts) zum Mitterkaser, dann Sandkaser, und über das Geröll (hier kommt der Weg vom Schellenberger Sattel her) zur Höhle, im ganzen 4½ Std. — Die Fortsetzung des nicht bezeichneten Weges längs den Wänden ist nur mit Führer anzuraten; er führt über die Grubenalpe zum Scheibenkaser (s. S. 72).

d) **Steinerne Stiege, Geyereck.** Vom Rosittenwirtshaus am Ende der Moosstraße r e c h t s ab, bei der ersten Wegteilung rechts, bei der zweiten links weiter, in angenehmer Steigung zur Steinernen Stiege, direkt auf das Plateau des Geyereck, wo der Weg mit dem vom Dopplersteig her zusammentrifft, 3½ Std. Dieser Weg wurde von der Sektion Salzburg des D. u. Ö. Alpenvereins 1889 neu angelegt, teils verbessert und ist jetzt äußerst bequem.

e) **Schwaigmüller-Alpe, Salzburger Hochthron.** Über Glanegg und Fürstenbrunn (s. S. 49) zum Vaitlbruch, 2¾ Std., durch die Schlucht der „Sausenden Wand" hinauf auf steilem Wege (beschwerlich, besonders abwärts) zu den S c h w a i g m ü l l e r - A l p e n (Jagdhütte). Nun links über das interessante Erosionsstein des Gletscherbodens aus der Eiszeit; bei dem Mückenbründl, 1 Std., gabelt der Weg, links direkt auf den Salzburger Hochthron, 1½ Std., rechts in die Mittagsscharte an Kaiser Karls Eiskeller vorbei (links) und den Abhang der Scharte hinauf zum Salzburger Hochthron, 1½ Std.

f) **Klinger-Alpe, Vierkaser.** 1. Vom Vaitlbruch (s. S. 71) in westlicher Richtung hinauf in Windungen (am Wege die Windlöcher) auf die K l i n g e r - A l p e (1533 m), 3 Std. 2. Von der Ruine Plain bei Großmain (s. S. 49) weiter zum letzten Bauernhause, in Windungen hinan zur Vierkaser (1590 m), 3½ Std. Die beiden Alpen verbindet ein Steig, 1½ Std.

g) **Berchtesgadener Hochthron,** die höchste und südlich letzte Erhebung des Gebirgsstockes (1975 m). Prachtvoller Einblick in die gegenüberliegenden Gebirgsgruppen Watzmann, Steinernes Meer, Funtenseetauern, Hundstod, Hohe Tauern; in der Ferne die Zillertaler, Stubaier und Ötztaler Gruppen. Unten die Berchtesgadener Täler, besonders schön Wimbachtal. Unter dem Berchtesgadener Hochthron in der Nähe des Goldbründl steht das Unterkunftshaus der Sektion Berchtesgaden des D. u. Ö. A.-V. „S t ö h r h a u s" (1858 m).

A u f s t i e g e auf den Berchtesgadener Hochthron:

1. Vom Salzburger Hochthron (s. S. 71) südlich auf dem Kamm fort in die Mittagsscharte (rechts kommt der Weg von der Schwaigmüller-Alpe her), nun wieder hinauf über Ochsenkopf, Gamsalmkopf, Grubkopf (alle mit trigonometrischen Signalen) anstrengend auf den Berchtesgadener Hochthron, 4 Std.

2. Von St. Leonhard-Drachenloch (s. S. 52) auf der Straße fort bis zum Bayerischen Zollamt, 1 Std., den Fahrweg hinauf bis zum letzten Bauernhaus, 1½ Std., dann ab und weiterhin links hinan, in 2 Std., zur S c h e i b e n k a s e r (Almwirtschaft), nun in 1¼ Std. auf den Bärensattel, dann rechts (links zur Zehnkaseralm) zum Hochthron, 1 Std.

3. Von Berchtesgaden (Wegzeiger) den Fahrweg hinan nach Vordergern, 4 Std., nach dem Übersetzen des Gernbaches biegt der Steig links ab und führt auf dem neuen Stöhr-Reitweg zum Gatterl und Hochthron, 5 Std.

4. Ungefähr in der Mitte der Straße zwischen Berchtesgaden und Hallturm, bei Grainwies, geht ein Steig hinan über die Untersberger Alpe zu den Z e h n k a s e r a l p e n , 4 Std. (Almwirtschaft). Rechts hinauf, an der köstlichen Quelle des G o l d b r ü n d l vorbei in 1½ Std. zum Hochthron.

5. Von Hallturm (s. S. 67) links über die Wiesen und das Gatterl, nun immer durch Wald hinan auf gutem, interessantem Steige in 3½ Std. zu den Zehnkasern, und nun wie oben (unter 4).

6. Von Großgmain auf die Vierkaseralpe, 3½ Std. (s. S. 72), dann rechts über den Hirschängerkopf (1762 m, einzige Stelle mit Aussicht auf Glockner und Venediger) zur Zehnkaseralpe, 2¾ Std., und nun wie oben (unter 4).

Paß Hallturm.

Nach Hallein, Golling, Zell am See, Saalfelden (Giselabahn).

Die Bahnlinie zweigt außerhalb des Bahnhofs in Salzburg von der Westbahn ab, umzieht im Bogen den Kapuzinerberg zur Haltestelle Parsch (s. S. 43); dann folgt Station Aigen (s. S. 46), weiter links das Dorf Glas, Haltestelle Hellbrunn-Glasenbach, Schloß Goldenstein, Haltestelle Elsbethen, Thurn, Station Puch-Oberalm; jenseits der Salzach am Berge liegt K a l t e n h a u s e n (große Bierbrauerei mit Parkanlagen und Felsenkellern); dann folgt Hallein. Fahrstraße durch vorgenannte Orte am rechten Salzachufer oder am linken Salzachufer über Hellbrunn (s. S. 50), Anif (s. S. 52), Kaltenhausen (3 Std. zu Fuß). Eine elektrische Bahn von Hallein über Kaltenhausen nach St. Leonhard—Drachenloch im Anschluß an die Strecke Salzburg—Berchtesgaden ist projektiert.

Hallein, 7000 Einw. (*Hotel Stern* mit Bad, nächst dem Bahnhof, *Post, Kupferschmid* vorm. *Schöndorfer, Sonne, Feichtinger, Schlederer, Rainer, Rauschgart*). *Sanatorium und Bad Dr. Karl Berger;* Sole-, Mutterlaugen-, Moor- und Fichtennadelbäder, ein Inhalatorium für Lignosulfit und zerstäubte Sole (die gleichen salinarischen Heilfaktoren wie Ischl und Reichenhall). Ein großes Sanatorium zwischen Wegscheid und Zill soll i. J. 1914 erbaut werden.

Hallein ist eine sehr alte Stadt, ungefähr aus dem 10. Jahrh., und liegt in windgeschützter Lage (443 m Seehöhe) malerisch am Fuße der Vorberge des Hohen Göll. Die Stadt besitzt Hochquellenleitung, elektrische und Gasbeleuchtung, Kanalisierung, Schwimmschule und Badeanstalt, Radfahrbahn, Tennisplatz, Stadtpark und Promenaden, ist Sitz einer Bezirkshauptmannschaft.

Hallein mit Dürrnberg und Hohem Göll.

hat Bezirksgericht, Post und Telegraphenamt, interurbane Telephonstelle, Salinenverwaltung (Salzbergwerk und Sudhaus), Forst- und Domänenverwaltung, eine Fachschule für Holz- und Steinbearbeitung und zwei Bürgerschulen. Sektion des D. u. Ö. Alpenvereines und alpine Rettungsstation, Fremdenverkehrs-Verein. Ärzte, Apotheke, Buchhandlung am Platz.

S e h e n s w ü r d i g k e i t e n: Museum, Holzschnitzereischule, Sudhaus (Besichtigung den ganzen Tag, Karten im Verwaltungsgebäude), Pfarrkirche, Peterskirche (die erste Pfarrkirche Halleins), der aufgelassene Friedhof bei der Pfarrkirche mit vielen interessanten Grabsteinen, der Salzachrechen (die größte derartige kontinentale Anlage), Tabakfabrik, Zellulosefabrik, das Marmorwerk Oberalm, Römerbrücke über die Taugl.

Die Hauptsehenswürdigkeit ist aber das **Bergwerk** auf dem D ü r r n b e r g.

Unmittelbar von Hallein nahe der Pfarrkirche steigt die Fahrstraße (mit hübschen Ausblicken auf die Stadt, die weite Salzachebene, das Tennengebirge und die Ausläufer der Alpen) in $3/4$ Std. bis zur Bergeinfahrt auf dem Dürrnberg (beim Gasthaus Wegscheid links abbiegen; rechts geht es über Zill nach Schellenberg, 1 Std., und Berchtesgaden). Karten, Knappenkleider, Grubenlicht und Führer im Bergamte. Preis: eine Person allein 5 K, zwei oder mehrere Personen à 3 K, zu jeder Tageszeit. Vom 1. Mai bis Ende September täglich 3 Uhr nachm. ermäßigte Einfahrt à Person 2 K, bei mindestens zwei Personen. Alle weiteren Auskünfte erteilt Hotel Stern, Hallein, oder der Fremdenverkehrsverein.

Das Halleiner Salzbergwerk wurde, wie die Funde nachweisen, schon von den Kelten und Römern betrieben, gegenwärtig liefert es jährlich etwa 20 Millionen kg Salz. Es ist weit größer als jenes in Berchtesgaden und sehr interessant, der Besuch daher bestens zu empfehlen, vollkommen gefahrlos und unbeschwerlich. Es geht abwechselnd durch Stollen, dann auf Bergrutschrollen abwärts in die Tiefe, zu einem der vielen mit Sole gefüllten Sinkwerke, dem See, welcher elektrisch beleuchtet ist und von den Besuchern befahren wird. Nach Besichtigung der Monumentenkammer im Rupertsberg und der Mineralienkammer im Jakobstollen und nach Überwindung von 300 m Höhendifferenz im Berginnern zwischen Ein- und Ausfahrt, welche zum größten Teil durch Abfahren auf den Bergrutschen zurückgelegt wird, fährt man auf Wurstwagen durch den 1300 m langen Wolf-Dietrich-Stollen und wird nach im ganzen 1½stündigem Aufenthalte ans Tageslicht befördert. Von der Bergausfahrt bis in die Stadt 10 Min., bis zum Bahnhof 15 Min.

Hallein bietet eine Fülle der herrlichsten S p a z i e r gänge, Ausflüge und Bergtouren, so daß die Zahl der länger verweilenden Sommergäste von Jahr zu Jahr zunimmt. Erwähnt seien die Spaziergänge und Ausflüge im Vorgebirge des Göll: Dürrnberg (s. S. 76), Raspenhöhe (s. S. 78), Abtswald 1½ Std., Bayerisch-Au (s. S. 79), Zill ¾ Std., Mehlweg-Gschneidmann (mit herrlichem Ausblick auf den Dachstein). Ferner rechtsseitig der Salzach: Tauglwald ¾ Std., Riedl-Römerbrücke-Vigaun 1½ Std. (s. S. 78), Adnet ¾ Std. (s. S. 78), Hammerstrub ½ Std., Almbachstrub 1½ Std., Wiestal (s. S. 78), St. Jakob (s. S. 78) usw.

Aber auch an größeren und großen Partien und Bergtouren bietet Hallein eine gewaltige Fülle und ist eines der bequemsten und vorteilhaftesten Standquartiere, um sowohl die anmutigen wie großartigen Naturschönheiten des Salzburger Landes kennen zu lernen. Besonders erwähnt sei noch Hallein als Ausgangspunkt zum Besuche von Berchtesgaden und des Königssees. a) Über Zill nach Berchtesgaden 2 Std.; b) über Dürrnberg, Bayerisch-Au, Obersalzberg (s. S. 62) nach Berchtesgaden 3 Std.; c) von Obersalzberg weiter über Scharitzkehl, Vorderbrand (s. S. 62), Brandkopf zum Königssee 4½ Std., für Fußgänger der billigste und landschaftlich schönste Verbindungsweg.

Ausflüge und Bergtouren von Hallein aus (siehe auch S. 65):

Theresienruhe ½ Std. Dürrnberger Straße bis zur Gemse, dann rechts zum Kalkofen und auf markiertem Wege durch schattigen Wald zum Aussichtspunkte (Blick auf den Dachstein).

St. Jakob am Turn. a) Über Oberalm zur Kirche, dann auf markiertem Wege, vielfach durch Buchenwald, nach St. Jakob, 1¾ Std.; b) durch das Wiestal bis zum ersten Gasthause, dann links auf markiertem Wege über den niedrigen Trattensattel allmählich hinunter nach St. Jakob 2½ Std. Von St. Jakob ½ Std. nach Elsbethen (Bahnhaltestelle).

Römerbrücke, Rengerberg, Taugl. a) Zum Riedl, dann auf dem Riedl auf markiertem Wege zur Römerbrücke, 1½ Std.; b) auf der Reichsstraße, dann beim Mauthause links nach Vigaun und Römerbrücke. Von hier führt die Straße nach St. Koloman. Einige Minuten vor der Straßenabzweigung: Straße nach Rengerberg. — Von Rengerberg führen zwei Stege (Schmaleck- und Hochsteg) über die 80 m tiefer fließende Taugl nach St. Koloman.

Krispl-Gaißau. Nach Adnet, von da am neuen Schulhause vorbei auf markiertem Wege nach Krispl, 2½ Std. Prächtiger Ausblick auf die Berchtesgadener Riesen. Von Krispl in ½ Std. nach Gaißau. Hochgelegenes Tal. Von hier in 2 Std. auf das W i e s e r h ö r n d l. Oder von Krispl auf dem Rücken des Spumberges weiter nach **Zillreit** (Gasthaus) mit fortwährend prächtigem Ausblick in das Salzachtal, bayrische Hochebene (Waginger See), auf die Berchtesgadener und Salzburger Berge, insbesondere die Übergossene Alm mit Hochkönig. Rückweg über Weidach-Riedl oder Römerbrücke-Vigaun.

Schlenken (1647 m) und **Schmittenstein** (1693 m). a) Über den Riedl nach Weidach, den Spumberg, Gasthaus „Zillreit", hinauf zur Formau, Schlenkenhütten auf die Spitze. Markiert und Wegtafeln. 4½ Std.; b) über Margareten, Rengerberg, Schlenkenalpe, markiert. Vom Schlenken in 1 Std. auf den Schmittenstein, markiert. Vom Schmittenstein auch Abstieg östlich auf den Sattel. Von hier links in die Gaißau, rechts in den Tauglboden oder nach Hintersee.

Raspenhöhe (893 m), 1¼ Std. Von der Schießhalle zum Egglbauer und auf schattigem Gangsteige, markiert, zur Raspenhöhe. Sehr schöner Überblick über das Salzachtal von Salzburg bis zum Tennengebirge. — Rückweg auch über Dürrnberg.

Kleiner Barmstein (838 m). Dürrnberger Straße bis zur Gemse, dann rechts durch das Kirchental zum Köpplbauer auf den Barmstein, markiert. Vollständiger Hochgebirgssteig. Aufstieg gefahrlos, mit Drahtseilen und Eisenstangen versichert. Schönster Aussichtspunkt Halleins mit großartigem Gebirgspanorama (Untersberg, Hochkalter, Watzmann, Göll, Dachstein und die Ausläufer der Alpen bis zum Gaisberg, sowie in das Salzachtal vom Paß-Lueg bis Laufen-Oberndorf).

Lueg ins Land. Beim kleinen Barmstein vorbei auf markiertem Wege in 20 Min. zum „Lueg ins Land". Ausblick auf das Salzachtal und das östliche Mittelgebirge.

Köpplschneide und Götschen (930 m). Vom „Lueg ins Land" aufwärts zum Götschen, den langsam sich senkenden bewaldeten Grat, die Köpplschneide, hinunter, bei den Wegtafeln entweder links nach Schellenberg oder rechts nach Gutrat und St. Leonhard (s. S. 52).

Schellenberg in Bayern. a) Auf der Straße über Zill (Wegtafel) nach Schellenberg, 1 ½ Std.; b) durchs Kirchental auf markiertem Wege hinauf nach Mehlweg und dann hinab nach Schellenberg (s. S. 52). Schöner Ausblick auf den Untersberg, 2 Std.

Gutrat erreicht man auch direkt durch den Kaltenhauser Park, dann auf markiertem Wege zur Ruine Gutrat, 1 ½ Std.

Bayrisch Au, 1 ½ Std. Von Hallein auf der Dürrnberger Straße bis zur sog. „lutherischen Kapelle" (5 Min. unterhalb der Dürrnberger Kirche), von dort rechts ab, an der alten Schießstätte und am Stollen vorüber bis zur Landesgrenze; am Gasthaus „Neuhäusl" vorüber, 5 Min. weiter, herrlicher Anblick des Göllmassivs; dann rechts über Felder zum Gasthaus Au. Zweiter Weg über Zill, auf der Berchtesgadener Straße weiter, bis links die Wegtafel die Abzweigung durch den Wald anzeigt. Großartiges Gebirgspanorama: Göll, Watzmann, Hochkalter, Kammerlinghorn, Reiteralm, Untersberg und lieblicher Blick auf Berchtesgaden von der sog. Ganghofer-Wiese.

Almbachklamm (s. S. 52). Über Zill nach Stein zum Gasthause „Anfang" an der Berchtesgadener Straße und über die Alm zur Klamm, 2 Std.

Truckentannalpe, 2 ½ Std. Nach Dürrnberg, dann (Wegtafel) in den Abtswald und zur Alpe. Abstieg nach Weißenbach und Kuchl.

Obersalzberg in Bayern. Von Dürrnberg (Wegtafeln und Markierung) auf das G e m ä r k (mit schönem Ausblicke auf Watzmann, Hochkalter, Hinterhorn, Mühlsturzhörner und Untersberg), nach Obersalzberg, 2 ½ Std. (s. S. 62).

Nach Hallein, Golling, Zell am See, Saalfelden.

Lerchegg, 1 ½ Std. Vor Dürrnberg rechts abzweigend bei der Kapelle Wegtafel, in die obere Au auf das Lerchegg. Schöner Blick auf das Gebirge.

Roßfeld (1538 m), **Purtschellerhaus** (1771 m), **Hoher Göll** (2519 m). Von Dürrnberg auf das Gemärk (s. S. 79) und auf markiertem Wege auf das Roßfeld, 3 Std. Das Roßfeld entlang zu der oberen Ahornhütte (bewirtschaftet), 1 ½ Std., und zum Eckersattel (1379 m). Von da in 1 Std. zum bewirtschafteten (12 Betten und 7 Matratzenlager) Purtschellerhaus der Sektion Sonneberg des D. u. Ö. A.-V. auf dem Eckerfirst, auf österreichischem Gebiete gelegen. Weiter in 3 Std. auf Alpenvereinssteig auf den Hohen Göll (Führer, s. S. 66). Vom Hohen Göll über das Hohe Brett und Jägerkreuz zum Torrenerjoch. Von hier links durch die Bluntau nach G o l l i n g (s. u.) oder rechts über die Königsbergalpe zum Königssee und nach Berchtesgaden (s. S. 54). Ein näherer, ebenfalls bezeichneter Weg zum Purtschellerhause führt über Dürrnberg-Truckentannalpe, Dürfeuchtenalpe zum Eckersattel, 3 ½ Std.

Von Hallein mit der Bahn nach Golling, Zell am See, Saalfelden.

Golling, uralter Markt (469 m ü. M.), sehr beliebtes Standquartier und Sommerfrische. Sitz eines Bezirksgerichts, k. k. Forst- und Domänenverwaltung, Post- und Telegraphenamtes. Arzt, Hausapotheke, Schwimm- und Badeanstalt und auch Solbäder stehen zur Verfügung. Der liebliche, von üppiger Vegetation bedeckte Talboden wird im Westen von der Gruppe des Hohen Göll, im Südwesten vom Hagengebirge, im Südosten vom Tennengebirge umringt. Der Ort selbst lehnt an einem waldreichen Hügel und besitzt an der auf einer Felsenanhöhe sich erhebenden alten Burg und der Pfarrkirche mit schlankem gotischen Turm ebenso interessante als malerische Wahrzeichen. Sektion des D. u. Ö. A.-V. Gasthäuser: *Gollinger Hof, Bahnhofshotel, Alte Post, Neue Post, Traube, Bär, Schwarzer Adler.*

Die nächste und weitere Umgebung von Golling ist ungemein reich an schönen Spaziergängen. In erster Linie ist der von schattigen Wegen mit Bänken durchkreuzte W a l d p a r k zu nennen. Hier bieten sich herrliche Aussichten auf das Hochgebirge.

Nach Hallein, Golling, Zell am See, Saalfelden:

In der Nähe befindet sich in einem kleinen Wiesental der sog. E g l s e e. Vom Parke aus ist der Besuch des R a b e n s t e i n sehr lohnend. Hier überblickt man das ganze weite Salzachtal bis zur bayerischen Ebene. Auch nach S t. A n t o n und K e l l a u , zur G r a b e n m ü h l e , nach G r u b a c h und H o c h r e i t sowie nach G e o r g e n b e r g und K u c h l führen angenehme Wege.

Über die Salzachbrücke an dem Kirchlein vorbei gelangt man nach ¾ Std. zu dem aus einem Vorgebirge des Göll hervorbrechenden **Gollinger-** oder **Schwarzbach-Wasserfall**, einem der schönsten Europas. Eine ungeheure Wassermenge stürzt unter donnerndem Geräusch und Sprühregen 72 m tief in zwei großen Absätzen hinunter. Zwischen 10 und 11 Uhr ist in dem Wasserstaub ein Regenbogen zu sehen.

Von Golling gelangt man in ¾ Std. auf der Reichsstraße zu den **Salzachöfen** und dem **Paß Lueg**. Die Wände des Tennen- und des Hagengebirges treten immer näher zusammen und bilden endlich sich nahe zusammenneigend eine enge und tiefe Schlucht, durch die sich die Salzach Bahn gebrochen. Diese Klüfte (Öfen) sind ½ Std. lang; sichere Treppen, Steige mit Wegweisern führen hindurch, tief unten tost und wirbelt die Salzach. Nach ½ Std. führt der Weg an der sog. „Kroatenhöhle" (1800—1809 soll hier kroatisches Militär gelagert haben) vorbei zur Kapelle M a r i a - B r u n n e c k herauf; hier ein D e n k m a l J o s e f S t r u b e r s, des Helden von 1809. Südlich der Anhöhe, an der engsten Stelle, liegen die Befestigungen des Paß Lueg, dieser großartigsten (2 ½ Std. langen) Alpenstraße, die sich 1 Std. lang an der Salzach hinzieht. Auf beiden Seiten erblickt man alte Befestigungswerke; an der engsten Stelle, wo der Paß kaum 12 m breit ist, befindet sich auf einem Felsblock die eigentliche Festung. Zu wiederholten Malen war der Paß Lueg Schauplatz blutiger Kämpfe, zuletzt während der Franzosenkriege der Jahre 1800—1809; aus diesen Jahren stammen die gegenwärtigen Befestigungen.

Gollinger Schwarzberg (1583 m). Markierte Wege: a) über Eglsee, St. Anton, Harregg, oder b) Scheffau, Lehngriesalpe. 3 ½ Std.

Trattberg (1667 m). Über Kellau, Grabenmühle durch den Graben hinauf zum Gasthause, weiter links zu Bauernhäusern und wieder links auf schönem Fußpfade zu den Trattbergalpen. Von hier auch Abstieg nach St. Koloman. Teilweise markiert.

Bluntautal und Torrenerfälle. Anmutiger und bequemer Spaziergang; jenseits der Salzachbrücke vom Wege zum Wasserfall links ab zum Eingange des Tales zwischen den Felswänden des Hagengebirges und Göll. Hin und zurück 2 Std.

Torrenerjoch—Königssee. Vom Torrenerfall auf dem Hochwege weiter zur unteren und oberen Hochalpe und auf das Torrenerjoch (1728 m), von Golling in 4 Std. bequem. Von dort Abstieg zum Königssee: a) über die Königsbergalpe zum Dorfe Königssee, b) über die Königsbach-, Priesberg- und Seeleinalpe zum Obersee, c) über die Gotzen- und Regenalpe und weiter auf dem Reitsteige zum Königssee (s. S. 58).

Jenner (1876 m), **Schneibstein** (2274 m) und **Kallersberg** (2351 m) sind weitere Fortsetzungen der Tour auf das Torrenerjoch und von der oberen Jochalpe oder vom Joch selbst unschwer zu machen.

Das **Hagengebirge** bietet noch weitere Touren in der Kratzalpe, 2½ Std., und der **Kratzspitze** (1755 m). Sehr lohnende Aussicht, markierter Weg. **Schlummalpe** (1694 m), hochgelegenes Tal mit reicher Alpenflora. **Tristkopf** (2107 m) und **Raucheck** (2391 m).

Das **Tennengebirge** wird zumeist vom Gasthaus Stegenwald (Station Sulzau) oder von Golling zu Fuß durch den Paß Lueg (1½ Std.) und von Westen aus bestiegen. Die nennenswertesten Erhebungen sind der **Tirolerkopf** (2314 m), das **Hockeck** (2316 m), **Raucheck** (2428 m) und der **Bleikogl** (2409 m).

Für **Abtenau**, für das L a m m e r t a l mit den L a m m e r ö f e n (Felsklamm) und den Ortschaften Scheffau, Abtenau, Annaberg, dem gut besuchten Z w i e s e l b a d - H a n d l h o f ist Golling Eisenbahnstation und mit regelmäßigen Postfahrten verbunden. Von Golling-Abtenau über Zwieselalpe sehr lohnender Übergang nach G o s a u*).

Bei der Weiterfahrt hinter Golling setzt die Bahn über die Lammer und Salzach und fährt dann in den O f e n a u e r T u n n e l (928 m), 3 Min. Fahrt, ein. Nach dem Tunnel rechts Überreste mehrerer Lawinen, links das Stegenwald-Wirtshaus, von wo über die Steinerne Stiege der W i e s e l s t e i n k o p f (2298 m) bestiegen werden kann.

Die Landschaft wird immer großartiger: links das zerklüftete Tennengebirge, rechts das Hagengebirge mit dem Kahlersberg.

---

*) Näheres siehe in Woerl's Salzkammergut-Führer (1 Mk.).

Nachdem der Zug die Schlucht verlassen, erreicht er Station **S u l z a u** (505 m). Auf dem linken Ufer der Salzach das Hüttenwerk Blahhaus, Haltestelle Konkordiahütte; hier mündet das Blühnbachtal.

Die Bahn hat von hier aus besonders viele Terrainschwierigkeiten zu überwinden. Es folgt Station **W e r f e n**, stattlicher Marktflecken mit 1800 Einw., in reizender Lage, überragt von Schloß **H o h e n w e r f e n**, 1077 erbaut und 1576 erneuert. Gegenwärtig dem Erzherzog Eugen gehörig, wurde das Schloß 1903/04 unter dessen persönlicher Leitung erneuert. Von hier Besteigung des Rauchecks (2428 m).

Das Tal hat sich erweitert; rechts das Ewigschneegebirge. Die Bahn überschreitet den Fritzbach, der links aus der Schlucht hervorbricht, und erreicht Station

Bischofshofen (547 m; *Bahnhofsrestauration, Hotel Bahnhof, Alte* und *Neue Post, Gasthof Reich, Böcklinger*), Knotenpunkt der Bahnlinie Bischofshofen—Selzthal. Der Markt mit 2000 Einw. liegt in dem hier ½ Std. breiten, freundlichen und fruchtbaren Tale und hat sehr gutes Trinkwasser aus der Hochquellenleitung. Schöne Aussicht nördlich aufs Tennengebirge, westlich auf das Ewigschneegebirge mit dem Hochkönig (2938 m). In der gotischen Maximilianskirche Tumba des Bischofs Sylvester von Chiemsee († 1453); in der Frauenkirche alte Glasgemälde. — 20 Min. entfernt der Gainfeldbach-Wasserfall.

Die Bahn führt am linken Ufer der Salzach weiter — rückwärts schöner Blick auf das Tennengebirge — und erreicht Station

St. Johann im Pongau (563 m; *Pongauer Hof, Alte Post* mit Brauerei, *Zur neuen Post, Schwaiger, Maier, Brückenwirt, Adelsberger, Goldenes Kreuz, Hirsch, Vereinshaus*). Der stattliche Marktflecken zählt 1500 Einwohner und hat sich nach dem großen Brande von 1855 wesentlich verschönert. Die neue doppeltürmige Pfarrkirche ist im gotischen Stile erbaut. Schwimmbad, Tennis. Das Tennengebirge bildet einen prachtvollen Hintergrund. Schöne Promenaden.

Östlich führt eine Fahrstraße von St. Johann über Wagrain nach Radstadt (5 Std.).

Den Glanzpunkt der Umgebung von St. Johann bildet die **Liechtenstein-Klamm,** zu welcher man, kurz vor Plankenau abzweigend, in 1 Std. auf neuer Fahrstraße ganz eben gelangt. (Stellwagenverkehr; Führer unnötig; Wege und Stege durchaus sicher.) Die Klamm besteht aus zwei Abteilungen, von denen die zweite wilder, weil von domartig gewölbten Wänden gebildet ist, und durch einen künstlichen Tunnel zu dem etwa 50 m hohen Wasserfall führt, welcher den Schluß der Klamm bildet. Die Länge ist bis zum Tunnel 890 m, wovon 200 m auf 21 Brücken und 125 m Felsensprengung entfallen. In der Klamm Restauration.

Von St. Johann lohnt eine Besteigung des H o c h - g r ü n d e c k , 1827 m, in 3 Std.; daselbst Unterkunftshaus. —

Die Bahn nimmt eine südwestliche Richtung, setzt auf einer Gitterbrücke über die Salzach und erreicht (67 km) Station **Schwarzach-St. Veit** (585 m), bekannt als Ort, wo die protestantischen Bauern 1731 im Wirtshaus (Tisch aus jener Zeit mit bildlicher Darstellung) den Salzbund stifteten, wobei jeder zum Zeichen der Zugehörigkeit den Finger in Salz tauchte.

Von Schwarzach zweigt die neue Tauernbahn über B a d g a s t e i n *) ab, die in Verbindung mit der neuen Karawankenbahn die kürzeste Verbindung nach Triest bildet.

Die Gegend wird jetzt hochromantisch, die Terrainschwierigkeiten steigern sich. Abermals über die Salzach und nach (75 km) Station **Lend** (631 m; *Turri, Post),* Ausgangspunkt für verschiedene Bergtouren: Hochkönig, Bernkogl usw.

Links zeigt sich der hübsche Wasserfall der Gasteiner Ache. Zu Wagen in 2 Std. durch die großartige Klamm (754 m) und bei der Ruine Klammstein nach Dorfgastein (836 m); weiter über Harbach und Laderding nach Hofgastein und endlich in weiteren 2 Std. über Hundsdorf, Dietersdorf-Lafen nach Badgastein.

Die Strecke zwischen Lend und der folgenden Station

---

*) Siehe Woerl's Führer Badgastein; Preis 50 Pfg.

Nach Hallein, Golling, Zell am See, Saalfelden. 85

Taxenbach machte wegen der häufigen und gefährlichen Rutschungen außerordentlich viele Schwierigkeiten. Der Tunnel durch den Unterstein, gegenüber der Embacher Plaike (Rutschhalde), wurde kaum vollendet, durch einen kolossalen Bergrutsch (rechts Spuren desselben) zugleich mit der Landstraße zerstört.

Taxenbach (711 m; *Taxwirt, Embachers Alte und Neue Post, Post-Hotel*), Markt mit etwa 500 Einw. Das alte Schloß wurde 1525 im Bauernkriege zerstört, das neue ist Sitz des Bezirksgerichts.

Sehr lohnend ist ein Besuch der K i t z l o c h k l a m m und des Rauristales oder kurz der Rauris. R a u r i s , der Hauptort des schönen gleichnamigen Tales, war einst Sitz der Rauriser Goldzeche-Gewerke.

Bei Taxenbach tritt die Bahn aus dem Pongau ins Pinzgau; das Tal erweitert sich. Bei der Weiterfahrt zeigt sich rechts die Kirche St. Georgen, links das Große Wiesbachhorn (3570 m). Die Bahn fährt an den Dörfern Hasenbach, Högmoos und Gries vorbei, dann über die Salzach nach Station

Bruck-Fusch (761 m), günstigster Ausgangspunkt für den Besuch des Fuscher- und Kaprunertals. Rechts vom Dorfe Bruck das neu hergestellte alte Schloß Fischhorn, Eigentum des Fürsten von Liechtenstein. Vom Schlosse sehr schöne Aussicht auf die Tauern und den Zeller See.

Das Fuschertal, welches sich von Süden her aus der gewaltigen Hochgebirgswelt der Tauern erstreckt und bei Bruck mündet, gehört besonders des majestätischen Hintergrundes wegen zu den interessantesten Tauerntälern.

Von Bruck aus erreicht man in einstündiger Fahrt den Hauptort des Tales, D o r f F u s c h (807 m), von wo die Straße nach dem beliebten klimatischen Höhenkurorte S t. W o l f g a n g - B a d F u s c h (1231 m) im Weichselbachtale abzweigt. Der Straße ins Haupttal folgend, gelangt man in einer weiteren halbstündigen Fahrt zum B ä r e n w i r t, wo die hochalpine Landschaft des Tales beginnt. In der Tiefe der Bärenschlucht eilt die schäumende Fuscher Ache talauswärts, zahlreiche

Wasserfälle bildend, während im Hintergrunde des Tales die leuchtenden Schneegipfel sich zeigen. In 1½ Std. gelangt man nach

Ferleiten (1151 m), das infolge der nahen Gletscheransicht zu den reizvollsten Punkten der Ostalpen zählt. (*Alpengasthof Lukashansl* und *Tauerngasthof.*) Ferleiten ist der Ausgangspunkt für die Ersteigung des Hochtenn (3371 m), des Großen Wiesbachhorns (3570 m), des Großen Bärenkopfes (3406 m), der Hohen Dock

Ferleiten mit Lukashansl-Gasthof.

(3349 m), des Fuscherkarkopfes (3336 m) und des Sinnabelecks (3263 m), alle nur mit Führer. Die meisten Wanderer nehmen den Weg über die P f a n d l s c h a r t e (2665 m), um entweder nach Heiligenblut und ins Pustertal zu wandern oder dem Großglockner einen Besuch abzustatten. Den Übergang zum Großglockner erleichtert der Alpengasthof auf der T r a u n e r a l p e (1541 m), welcher eine prachtvolle Zwischenstation bildet (2 Std. von Ferleiten). —

Hinter Bruck-Fusch biegt die Bahn nach Norden um und erreicht Zell am See.

Zell am See (753 m) (Gasthöfe: *Hotel Kaiserin Elisabeth, Böhm's Grand-Hotel am See, Lebzelter, Pinzgauer Hof, Krone* mit Depend. *Hotel Central, Austria, Post*) ist einer der schönst gelegenen Orte der ganzen Bahnstrecke, dabei ein günstiger Standort für eine Reihe von größeren und kleineren lohnenden Ausflügen. Die Bäder in dem warmen See sind köstlich; auf dem See Motorboot- und Kahnfahrten*).

Erwähnt sei die **Schmittenhöhe** (1968 m), einer der lohnendsten und am leichtesten zu besteigenden Aussichtspunkte in den deutschen Alpen, 3 Std. (Führer unnötig, bequemer Reitweg; Fahrt mit Bergwägelchen). Malerischer Ausflug ins **Kaprunertal** (Sigmund Thunklamm, Kesselfallalpenhaus, Moserboden). Täglich Autobus-Verkehr ab Hotel Lebzelter.

Zell am See ist durch die **Pinzgauerbahn** mit Krimml, dem Endpunkte der Bahn, verbunden. Dabei die berühmten Krimmler Wasserfälle. —

Die Bahn bleibt von Zell aus noch einige Zeit am See, am nördlichen Ende Schloß **Prielau**, und steigt dann zur Wasserscheide zwischen Saalach und Salzach (761 m), rechts Schloß **Kammer**. Weiter durch das Wiesental des Mitter-Pinzgaus, dann über die Saalach nach (113 km) Station

Saalfelden (744 m), stattlicher Marktflecken am Fuße des "Steinernen Meeres", mit 2600 Einw. (*Neue Post, Alte Post, Hirschen, Oberbräu, Simonwirt, Bahnhofrestauration*, gegenüber *Gasthof Ringler*). Im Orte, ¼ Std. vom Bahnhof entfernt liegt, stehen Moor-, Dusche- und Dampfbäder zur Verfügung. Restauration *Steinwander*, zugleich Badeanstalt. Die Pfarrkirche, ein imposanter Bau, der "Dom des Pinzgaues" genannt, hat schöne Fresken und eine aus dem 14. Jahrh. stammende Krypta. Von der Kapelle des Friedhofs bietet sich schöne Aussicht. Noch schöner ist die Fernsicht vom Kühbühel, ½ Std.

Die Umgebung des Marktes ziert ein Kranz von Burgen und Edelsitzen. Der interessanteste ist Schloß

---

*) Siehe Woerl's Führer Zell am See; Preis 50 Pfg.

Lichtenberg, ¾ Std.; Aussicht auf das reizende Tal und die gewaltige Bergwelt mit ihren Gletschern. Von der Einsiedelei auf dem Wege zum Schloß Blick auf den Zeller See und die Tauern. — Ferner Schloß Riz, südlich von Saalfelden; Schloß Farmach südöstlich; Schloß Dorfheim, ¼ Std. westlich.

Das Steinerne Meer, welches sich aus dem Saalachtale in schroffen, kahlen Felswänden fast senkrecht erhebt, ist von Saalfelden aus am besten über den kunstvoll angelegten Ramseidersteig zu erreichen, 4 Std. bis zum Riemannhause (2130 m; den ganzen Sommer geöffnet) auf der Ramseider Scharte. Dann in 2 Std. zum Karlingerhaus am Funtensee; von hier Abstieg in 3 Std. zum Königssee (s. S. 66). Von Saalfelden verkehrt über Weißbach (s. S. 64), Lofer (s. S. 67) und Unken Postauto nach Reichenhall (s. S. 67) einerseits, über Lofer nach Waidring—St. Johann in Tirol andererseits.

Tagesausflug nach Mondsee und auf den Schafberg.

Von Salzburg verkehren in der Saison ab 16. Juni jeden Montag und Dienstag (ev. auch Mittwochs) Gesellschaftszüge über das Drei-Seen-Gebiet nach dem Schafberg und zurück nach Salzburg. Fahrpreis einschließlich der Fahrt mittels Zahnradbahn auf den Schafberg 8 K. Fahrkarten im Reklamebureau J. A. Gallas, Salzburg, Schwarzstraße 11 und im Stadtbureau der k. k. Staatsbahnen.

Die Fahrt geht über Thalgau und St. Lorenz (Gasthof, sehenswerte Kirche); hier zweigt die Flügelbahn nach Mondsee ab. Der am gleichnamigen See reizend gelegene Ort, als Sommerfrische sehr beliebt, bietet gute Unterkunft. Kur- und Badeanstalt. Schöne Kirche mit von Napoleon I. errichtetem Altar. Pfahlbautenfunde aus Bronze, Holz, Bein usw. An der Kirche fünf römische Denksteine. Fürstlich Wredesches Schloß. Herrliche Seebäder. Dampfschiffahrt.

Von St. Lorenz fährt die Bahn an Haltestelle P l o m -
b e r g (auch Dampfschiffstation) vorüber nach **Scharfling,** beliebte Sommerfrische. Quer über den See kommt
man nach P i c h l - A u h o f mit Hotel, Villen, Seebädern.

Von Scharfling führt ein bequemer schattiger Steig
auf den Schafberg.

Zwischen Scharfling und See an der Ostspitze des
Mondsees zieht die K i e n b e r g w a n d s t r a ß e,
eine hübsche Kunststraße.

Die Bahn fährt weiter und erreicht bei **St. Gilgen**
den W o l f g a n g - S e e. Den **Schafberg,** der sich
gegenüber schroff erhebt, kann man zu Fuß auf mehreren
Wegen besteigen. Am bequemsten gestaltet sich sein
Besuch vermittelst der Zahnradbahn, die von St. Wolfgang am nördlichen Ufer des Sees in 1 Std. zum Hotel
auf den Gipfel des Berges führt. Bergfahrt 6,30 K, Talfahrt 4,20 K, hin und zurück 9,40 K.

Näheres siehe in Woerl's Salzkammergut-Führer,
1 Mk.

| Bergauf sachte, abwärts achte, gradaus trachte! |

Ratschläge für Fußwanderer.
(Vergleiche auch die „Merktafel für Reisende" im Anhang des Führers.)

Vor Beginn der Wanderung mittels Karte und Führer den Tagesplan feststellen.

Früh aufstehen und der Sonne entgegengehen.

Möglichst viel am Vormittage, weniger am Nachmittage, mittags in der Sonnenhitze gar nicht wandern.

Der Marschtritt sei fest und gleichmäßig, 1 km ebener Weg in 13 bis 14 Min.; bei erheblichen Steigungen ist aufwärts auf 300—400 m, abwärts auf 500—600 m Höhenunterschied eine Stunde zu rechnen.

Beim Bergaufsteigen die Knie nach vorn durchdrücken, den Oberkörper gerade halten, einen starken Bergstock oder Wanderschirm in der Hand.

Nach $1^1/_2$—2 Stunden kurze Rast, an schönen Punkten längere.

Nicht erhitzt zugige Plätze betreten oder Türme besteigen.

Als Kleidung für jugendliche Wanderer beiderlei Geschlechts empfiehlt der „Wandervogel", deutscher Bund für Jugendwandern: „Die Kleidung sei einfach und bequem, wenn möglich aus wasserdichtem Lodenstoff, Joppe oder Bluse; Kniehose; für Mädchen Rock (etwa 20 cm vom Boden); Kniestrümpfe mit ausgeschnittenen Füßen (sog. Stegen); wollene, womöglich ungestopfte Socken; für Mädchen wollene Strümpfe, Reformhose; gut ausgetretene, breite derbe Schnürstiefel mit dicken Sohlen und flachen Absätzen, oder Sandalen; Hut aus Loden oder Filz oder weiche Mütze; im Sommer biegsamer Strohhut; Wettermantel oder Cape mit Kapuze; leichtes poröses farbiges Sporthemd aus Baumwolle, Netzstoff oder Flanell; Rucksack mit breiten Riemen; Aluminiumbecher, Feldflasche, Liederbuch, Skizzenbuch, Notizbuch.

Für mehrtägige Fahrten: Außer obigen noch: Reservewäsche (Strümpfe, Socken, Hemd, Taschentücher), Hausschuhe, Sandalen, Waschzeug, Schuhcreme, im Winter wollene Sweater.

Unpraktisch: Weiße, leinene Wäsche, gestärkte Kragen, lange Hosen und Röcke, steife Hüte, schnürende Strumpfbänder, Korsett!

Bei großen Wanderungen das entbehrliche Gepäck womöglich mit der Post oder bei Eisenbahnstationen als Expreßgut voraussenden.

Etwas altes Leinen, Verbandzeug, Hirschtalg, Vaseline, Nähzeug, Elektrische Lampe, starkes Taschenmesser, Bindfaden, Kompaß, Fernglas, Karten, Führer und Fahrplan.

Vorsicht mit Zigarren und Streichhölzern im Walde. Schonung und Schutz aller Anlagen und Naturschönheiten.

Keine Überanstrengung, keine zu großen Tagestouren, morgens ein leichtes Frühstück ein- und ein wenig Mundvorrat für den Notfall mitnehmen (Schwarz- oder Kommißbrot, Käse, Butter, frisches [Bananen, Äpfel usw.] oder gebackenes Obst [Zwetschen], Schokolade). Bei größeren Touren möglichst früh nüchtern fortgehen und nach $1^1/_2$—2 Stunden frühstücken. Hauptmahlzeit sei abends; kaltes Fleisch, Obst und Brot sind tagsüber besser als Kognak und Bier; Mäßigkeit und Vorsicht im Essen und Trinken; im erhitzten Zustande kein kaltes Bier trinken.

Abends früh in die Herberge. Nachtquartier in der Hochsaison nötigenfalls vorher brieflich oder telegraphisch bestellen.

Nach erfrischender Waschung soll man warm speisen, nicht zu viel trinken und früh sich zur Ruhe begeben.

Die 10 Gebote des Bergsteigers.

Zusammengestellt von
F. Friedensburg-Berlin und C. Arnold-Hannover.

1. Du sollst auf der Wanderung deine Erziehung und Bildung nicht von dir tun; Unart und Roheit sind nicht dasselbe wie Freudigkeit und Kraft.

2. Du sollst keine Bergfahrt unternehmen, der du nicht gewachsen bist; denn es ist schimpflich, in fremde Hand gegeben zu sein.

3. Du sollst jede Bergfahrt sorgfältig vorbereiten, gleichviel, ob du allein, mit Freunden oder mit einem Führer gehst. Deine Kenntnis, wo, wie und wie lange du zu gehen hast, sei ebenso vollkommen wie deine Ausrüstung.

4. Du sollst deinen Führer geziemend behandeln. Du brauchst dich nicht herrisch zu gehaben, aber du darfst dich auch nicht gemein machen.

5. Du sollst deinem Führer ein kurzes und wahrhaftiges Zeugnis schreiben. Die übertriebene Verherrlichung einer nicht außergewöhnlichen Bergfahrt macht dich lächerlich, den Führer eingebildet. Bei schweren Verfehlungen mußt du auch den Mut der Anzeige haben.

6. Du sollst dich in der Hütte bescheiden betragen und sollst keine Ansprüche machen, die sich nur in einem Großstadthotel verwirklichen lassen; denn du wirst nicht deines Geldes wegen aufgenommen.

7. Du sollst die Hütte nicht zur Kneipe herabwürdigen. Alkohol ist der übelste Wandergefährte, die Hütten aber sind zur Erholung der Bergsteiger da und die Nacht über zum Schlafen.

8. Du sollst die Gegend, in der du wanderst, nicht verunehren. Darum sollst du keine Scherben und keinen Unrat umherstreuen, keine Gattertür offen lassen, keine Einfriedigung überschreiten, keine Quelle verunreinigen, keinen Wegweiser beschädigen.

9. Du sollst die Alpenblumen schonen und Vieh und Wild nicht beunruhigen. Auch die Pflanzen und Tiere sind Gottes Geschöpfe und sie tragen ihr Teil dazu bei, die Berge für dich zu schmücken.

10. Du sollst des Bergvolks Glauben und Sitten nicht bewitzeln noch verbessern wollen. Der unberufene Apostel der Aufklärung schadet der Sache des Alpenvereins und wird ausgelacht, wenn ihm nichts Schlimmeres widerfährt.

Mitteilungen des D. und Ö. Alpen-Vereins.

Ermässigte Ausflugskarten

Lohnendste Tagesausflüge. Per Bahn, Dampfer und Auto.
Von jeder der unten angegebenen Stationen zu beginnen.

Von Salzburg in das **Salzkammergut** über die
Schafbergseen und zurück:

Salzburg — St. Gilgen oder Lueg — St. Wolfgang — Strobl — Bad Ischl — Weissenbach — Unterach — See — Mondsee — Salzburg oder umgekehrt.

Preis K 10.30

Ermässigtes Zusatzbillett für die Schafbergbahn K 7.—.

Fahrkarten-Ausgabe in Salzburg: Am Ischlerbahnhof, in allen grösseren Hotels, im Stadtbureau der k. k. Staatsbahnen, Schwarzstrasse 7, und im Verkehrsbureau **Josef A. Gallas**, Schwarzstrasse 11. Für Auswärtige Postzusendung.

Register.

Abtenau 82.
Abtswald 77, 79.
Adnet 77, 78.
Afrikan. Museum 21.
Ahornhütte 80.
Aigen 46.
Allgemeines 7.
Almbachklamm 52, 79.
Almbachstrub 77.
Almbachtal 46.
St. Andräkirche 38.
Anfang 79.
Anif 52.
Anlagen 23.
Annaberg 82.
St. Anton 81.
Apothekerhöfe 46.
Au 52, 79.
Aufenthalt 12.
Aufzug 18, 33.
Augustinerkloster 33.
Auskünfte 12.
Autobus 18.
Automobile 19.

Bäder 15.
Badgastein 84.
Bankiers 16.
Bärenkopf 86.
Bärensattel 72.
Bärenschlucht 85.
Barmstein 78.
St. Bartholomä 59, 60.
Bayrisch Au 79.
Benediktinerstift 31.
Berchtesgaden 54.
Berchtesgadener Hochthron 72.
Bergwerk Berchtesgaden 56.
Bergwerk Hallein 76.
Bernkogl 84.
Bibliotheken 21.
Bierkeller 14.
Bildungsanstalten 8.
Bischofshofen 83.
Blahhaus 83.

Blaueis 66.
Bleikogl 82.
Blühnbachtal 83.
Bluntautal 65, 80, 82.
Botanischer Garten 24.
Brandkopf 62, 77.
Breithorn 66.
Brücken 8.
Bruck-Fusch 85.
Brunnen 22.
Buchhandlungen 16.
Bürgerspitalkirche 32.

Cafés 15.
Cajetanerkirche 26.
Christlieger 59.

Dachslueg 41.
Denkmäler 22.
Dienstmänner 19.
Dießbachscharte 66.
Dom 26.
Dopplersteig 70.
Dorfheim 88.
Drachenloch 52, 70.
Drahtseilbahn 18.
Dreifaltigkeitskirche 39.
Droschken 19.
Dürfeuchtenalpe 80.
Dürrnberg 76.

Ebenauertal 46.
Eckerfirst 80.
Eckersattel 65, 80.
Egglbauer 78.
Eglsee 81.
Einwohner 8.
Eisenbahnen 17.
Eishöhle, Schellenb. 71.
Elektr. Aufzug 18, 33.
Elsbethen 74, 78.
Embacher Plaike 85.
Engedei 64.

Erzbischöfl. Residenz 30.
Etzerschlößchen 62.

Faistenau 46.
Falkenstein 59.
Falzalpe 66.
Farmach 88.
Ferleiten 86.
Festung 22, 29.
Fiaker 19.
Fischhorn, Schloß 85.
Florianbrunnen 24.
Formau 78.
Franziskanerkirche 22, 31.
Franziscischlößchen 40.
Fremdenführer 19.
Fremdenverkehrsverein 12, 17.
Friedhöfe 23.
Friedhof St. Peter 30.
Frohnwies 65.
Führer 19.
Funtensee 66, 88.
Fürstenbrunn 49.
Fürstenzimmer 29.
Fusch 85.
Fuschertal 85.

Gabrielskapelle 38.
Gainfeldbach-Wasserfall 83.
Gaisberg 41.
Gaisbergbahn 18, 43.
Gaissau 78.
Gamsalmkopf 72.
Gamslöcher 70.
Ganghoferwiese 79.
Gartenau 52.
Gastein 84.
Gasthöfe 12.
Gebertsham 41.
Geldwechsler 16.
Gemälde-Ausstellung 21.

Register.

Gemärk 79.
Georgenberg 81.
St. Georgskapelle 29.
Gern 54, 62.
Gersberg 46.
Gertraudenkapelle 31.
Geschichtliches 10.
Geyereck 70, 71.
St. Gilgen 89.
Glanegg 49.
Glas 74.
Glasenbachklamm 46.
Glockenspiel 22, 26.
Gnigl 41.
Göhlstein 65.
Goldbründl 72.
Goldenstein 74.
Göllhaus 66, 80.
Golling 80.
Gollinger Schwarzberg 81.
Gollinger Wasserfall 81.
Gosau 82.
Gosleier Felsen 52.
Götschen 79.
Gottesdienst 23.
Gotzenalpe 60, 82.
Grabenmühle 81.
Grainwies 72.
Grödig 49, 52, 70.
Grödiger Thörl 70.
Großgmain 49, 67, 73.
Grubach 81.
Grubenalpe 71.
Grubkopf 72.
Grünsee 66.
Guggenthal 41, 46.
Gutrat 79.

Hachelwand 60.
Hagengebirge 82.
Hallein 74.
Hallturm 67, 73.
Hammerstrub 77.
Hangender Stein 52.
Harregg 81.
Hasenbach 85.
Haydnstübchen 31.
Hellbrunn 22, 50.

Heuberg 41.
Hinterhorn 68.
Hintersberg 67.
Hintersee 46, 64.
Hinterwinkel 46.
Hirschangerkopf 73.
Hirschbichl 64, 67.
Hochalpe 82.
Hochbrett 66, 80.
Hocheck 66.
Hocheisspitze 67.
Hochgründeck 84.
Hochkalter 66.
Hochreit 81.
Hochtenn 86.
Hochthron, Berchtesgadener 72.
Hochthron, Salzburg. 70, 71.
Hockeck 82.
Hofbrunnen 26.
Hofstallschwemme 32.
Högmoos 85.
Hohes Brett 66, 80.
Hohe Dock 86.
Hoher Göll 66, 80.
Hohensalzburg 22, 29.
Hohenwerfen 83.
Hotels 12.

Ilsank 64, 66.

Jägerkreuz 80.
Jahndenkmal 36.
St. Jakob a. Turn 78.
Jenner 65, 82.
Jettenberg 67.
St. Johann i. P. 83.
Judenbergalpe 45, 46.
Justizpalast 28.

Kahlersberg 82.
Kais 8.
Kaiserin-Elisabeth-Denkmal 40.
Kaiser-Franz-Josefs-Park 39.
Kaiser Karls Eiskeller 71.
Kallersberg 82.
Kaltenhausen 74.

Kammerlinghorn 66.
Kapitelschwemme 30.
Kapruner Tal 87.
Kapuzinerberg 39.
Karlingerhaus 66, 88.
Kehlalpe 65.
Kehlstein 65.
Kellau 81.
Kesselalpe 60.
Kienbergalpe 70.
Kienbergwandstraße 89.
Kirchen 23.
Kirchental 78, 79.
Kitzlochklamm 85.
Klausentor 33.
Klingeralpe 72.
Kneufelspitze 64.
Kollegienkirche 23, 24.
Kollektivkarte 21.
St. Koloman 78, 81.
Kolowratshöhle 70.
Kommunalfriedhof 50.
Konditoreien 15.
Königsbergalpe 65, 80, 82.
Königssee 58, 82.
Konkordiahütte 83.
Konzerte 20.
Köpplbauer 78.
Köpplschneide 79.
Kratzalpe 82.
Kratzspitze 82.
Krimml 87.
Krispl 78.
Kroatenhöhle 81.
Kuchl 79, 81.
Kugelmühlen 49.
Kühberg 41.
Kühbühel 87.
Kunstausstellung 28.
Künstlerhaus 21, 28.
Kurpark 36.

Lammeröfen 82.
Lammertal 82.
Lamprechtsofenloch 68.
Landesverband 17.
Lehen 33.

Register. 95

Lehngriesalpe 81.
Lend 84.
St. Leonhard 52.
Leopoldskron 48.
Lerchegg 80.
Lichtenberg 88.
Liechtensteinklamm 84.
Lockstein 62.
Lofer 67.
Lohnkutscher 19.
St. Lorenz 88.
Lorettokirche 38.
Ludwigsbad 49.
Lueg ins Land 79.
Lutherische Kapelle 79.

Margaretenkirche 30.
Maria Brunneck 81.
Maria-Plain 40.
Marienbad 16, 49.
Mariensäule 26.
Marstall 32.
Mattseen 40.
Maximuskapelle 31.
Mehlweg-G. 77, 79.
Mirabell 21, 36.
Mittagsscharte 71,72.
Mitterkaser 66, 71.
Mönchsberg 18, 35.
Mondsee 88.
Moosbäder 49.
Mooswacht 64, 67.
Mozartbüste 39.
Mozartdenkmal 26.
Mozarts Geburtshaus 22, 24.
Mozarthaus 38.
Mozarthäuschen 22, 39.
Mozartmuseum 22, 24.
Mückenbründl 71.
Mülln 33.
Münchener Haus 66.
Museum 21, 33.
Musik 20.

Neugebäude 26.
Neuhaus, Schloß 41.
Neuhäusl 79.
Neutor 32.

Nockstein 46.
Nonnberg 28.
Nonntal 28.

Oberalm 78.
Oberlahner Alpe 66.
Obersalzberg 62, 77, 79.
Obersee 61, 82.
Ochsenhorn 68.
Ochsenkopf 72.
Ofenauer Tunnel 82.
Omnibus 19.

Paracelsus' Grab 38.
Parsch 43.
Paß Lueg 81.
St. Peter 22, 30.
Petterdenkmal 23.
Pfandlscharte 86.
Pichl-Auhof 89.
Plain 49.
Plomberg 89.
Post 19.
Prielau 87.
Priesbergalpe 82.
Protest. Kirche 36.
Puch-Oberalm 74.
Purtschellerhaus 66, 80.
Purzlbachfall 65.

Rabenstein 81.
Radstadt 83.
Ramsau 64.
Ramseider Scharte 66, 88.
Ramseidersteig 88.
Raspenhöhe 78.
Raucheck 82, 83.
Rauchenbichleralpe 48.
Rauris 85.
Regenalpe 82.
Reichenhall 67.
Reinberg 48.
Reisebureau 17.
Reitschulen 32.
Rengerberg 78.
Rennbahn 39.
Residenzschloß 22, 25.
Restaurationen 14.
Richterdenkmal 35.

Riedenburg 32.
Riedl 78.
Riemannhaus 66, 88.
Riz, Schloß 88.
Römerbrücke 78.
Rosittental 69.
Roßfeld 65, 80.
Rötbachfall 61.
Rundgang 24.

Saalachsee 67.
Saalfelden 68, 87.
Sagereckwand 61, 66.
Saletalp 61, 66.
Salzachöfen 81.
Salzberg 62.
Salzburger Hochthron 70, 71.
Salzkammergut 88.
Salzkammergut-Lokalbahn 18.
Sandkaser 71.
Sattel, Schellenberger 71.
Sattlers Panorama 22.
Saugasse 66.
Sausende Wand 71.
Schafberg 89.
Schappachgraben 66.
Scharfling 89.
Scharitzkehlalp 62.
Scheffau 81, 82.
Scheibenkaser 71, 72.
Schellenberg 52, 79.
Schellenberger Eishöhle 71.
Schellenberger Sattel 70.
Schlenken 78.
Schlummalpe 82.
Schloß 22, 25.
Schmittenhöhe 87.
Schmittenstein 78.
Schneibstein 82.
Schönfeldspitze 66.
Schreinbachfall 61.
Schulen 8.
Schwaigmülleralpe 71.
Schwarzach-St. Veit 84.
Schwarzbachwacht 64, 67.

Schwarzbach-Wasserfall 81.
Schwarzbergklamm 67.
v. Schwarz-Denkmal 36.
St. Sebastiansfriedhof 38.
St. Sebastianskirche 38.
Seeleinalpe 82.
Sehenswürdigkeiten 21.
Seißenbergklamm 64.
Sinnabelecks 86.
Sommerstein 66.
Sport 20.
Spumberg 78.
Stadtbahn 18.
Stadttheater 20, 38.
Staubbachfall 64.
Stegenwaldwirtshaus 82.
SteinernesMeer 66, 88.
SteinerneStiege 71, 82
Stieglkeller 30.
Stiftskeller 31.
Stiftskirche 31.
Stöhrhaus 72.
Straßenbahn 18.
Struberdenkmal 81.
Studienbibliothek 21, 24.
Studiengebäude 24.
Sulzau 82, 83.

Taubensee 64, 67.
Taugl 78.

Tauglwald 77.
Taxenbach 85.
Telegraph 19.
Tennengebirge 82.
Theater 20, 38.
Theresienklause 54.
Theresienruhe 77.
Thumsee 67.
Thun-Denkmal 39.
Thurn 74.
Tirolerkopf 82.
Torrenerfälle 82.
Torrener Joch 65, 80, 82.
Toter Mann 64.
Tramway 17.
Trattberg 81.
Trattensattel 78.
Trauneralpe 86.
Tristkopf 82.
Truckentannalpe 79, 80.
Trumer Seen 40.

Umgebung 40.
Universität 24.
Unken 67.
Unterhaltung 20.
Unterrichtswesen 8.
Untersberg 69.
UntersbergerAlpe 72.
Untersberghaus 69.
Unterstein 85.
Ursulinenkloster 33.

Vaitlbruch 71, 72.
Veitskapelle 31.
Vereine 8.

Verkehrsbureau 17.
Verkehrswesen 17.
Versorgungshaus 28.
Vierkaseralpe 72, 73.
Vigaun 78.
Volière 38.
Vorderbrand 62.
Vordergern 72.
Vorwort 5.

Wagrain 83.
Walser Berg 67.
Watzmann 66.
Wechselgeschäfte 16.
Weidach 78.
Weinstuben 14.
Weißbach 64.
Weißenbach 79.
Werfen 83.
Wiesbachhorn 86.
Wieselsteinkopf 82.
Wieserhörndl 78.
Wiestal 46, 78.
Wimbachklamm 64.
Windlöcher 72.
Wohnungsnachweis 12.
St. Wolfgang 85, 89.

Zehnkaseralpen 72, 73.
Zeisbergalpe 46.
Zeitungen 16.
Zell a. S. 87.
Zill 79.
Zillreit 78.
Zistelalpe 45, 46.
Zwieselbad 82.

Spezialgeschäft für Färberei und chemische Reinigung von Herren-, Damen- und Kindergarderoben etc. ... ...

Gratian Wacht, Salzburg

Filialen: Getreidegasse 35, Paris Lodronstrasse 3.
Fabrik in Lehen.

Wo wohne ich auf der Reise?

„NUELLENS HOTEL" vis-à-vis dem Elisenbrunnen
AACHEN
„Pensionspreise" für Kurgäste. „Vorzugspreise" für Geschäftsreisende.
Zimmer ab 3 M., in der Dépendance ab 2 M.
Verbunden mit 3 Badehotels und Dépendancen:
Thermal-Palast („Kaiserbad-Hotel"*), „Neubad-Hotel" und „Quirinusbad-Hotel"
Die „Kaiserquelle", die Hauptschwefelquelle Aachens, entspringt im Hotel selbst.

| Komfortabel. Solide Preise | Elektr. Licht. Lift. Zentralhzg. | Waschtische m. fliess. kalt. u. warm. Wass. | Zimmer m. Privatbad u. Toilette. | Autogarage. Grosser Garten |

AACHEN, Hotel du Nord gegenüber d. Hauptbahnh. Elektr. Licht. Zentralheizg.

Abbazia Hotel-Pension Wiener Heim. I. Ranges.
Filiale in **Parenzo: Palace-Hotel Riviera**. Prospekte frei. Komfortabel eingerichtete Zimmer. Elektrisches Licht. Hochquellenwasserleitung. Beste Wiener Küche. Prachtvoller Park 6000 qm. See- und Süsswasserbäder. Pension von K. 8.— aufwärts.

Agram
(Croatien)
96 000 Einwohner.
Eine der schönsten Städte der oest.-ung. Monarchie. Eingangsstation zur Fahrt nach Bosnien und zu den an Naturschönheiten in Europa **einzig** dastehenden Plitvicer Seen.
Hotel Royal Haus I. Ranges
Central gelegen, mit allem modernen Comfort ausgestattet. Autogarage. Mässige Preise.
Eigentümer **Eugen Bothe**.

ALT-AUSSEE Hotel am See (Seewirt), altrenom. Haus I. R. Allerh.
(Steir. Salzkammergut) Besuch d. Öst., Deutsch., Rum. u. Niederl. Hofes. Sol- u. Seebäder, Angel- u. Rudersport. Mäß. Preise.

Altenbrak im Harz. **Hotel Waldfrieden** m. 4 Morg. gr. Waldpark.
Idyll. gel. Sehr mäss. Preise. Inh. Wwe. **Hermine Beltz**.

Altenburg **Hotel Wettiner Hof.** I. H. a. Pl. m. a. Komf. i. Centr. der
(S.-A.) St. neb. d. Herz. Schlosse, Hofth. u. Hauptp. gel. (Auto-Gar.)
Tel. 1023 Om. a. Bahnh. Bes. **Aug. Paulmann**, Hoftraiteur.

Amorbach **Hotel Badischer Hof.** Altrenom. Reisenden- und
i. Odenwald. Touristenhaus. Telef. 8. Elektr. Licht. Pension. Garage.
Bes. **Karl Vogler**.

AMRUM Christliches Seehospiz. Familienanschluss.
Nordseebad (Post Norddorf) Eig. Badeeinrichtg. Pension v. 4 Mk. an.

1913 : 200,000

Wo wohne ich auf der Reise?

Amsterdam — Hotel Deutscher Hof, Warmoesstraat 66, 2. Eing. Boersstraat 1, gut bürgerl. Haus. Zimmer m. F. Fl. 1,25, gute deutsche Küche, mäßige Preise. 5 Minuten vom Centralbahnhof. M. Kroiss.

Aschaffenburg — Hotel Adler. Hunderte von Jahren erstes und einziges Stadthotel. 3 Min. vom Bahnhof. Elektr. Licht. Dampfheiz. Schreibzim. Elg. Automob. a. Bahnhof. Zivile Preise. Garage. Z. m. Fr. v. 2.50 an. Bes. Gustav Welzel.

Assmannshausen am Rhein — Hotel-Restauration Zahnradbahn m. hochf. orig. einger. Bauernschenke u. Gasth. z. guten Quelle. Bürgerl. Haus. Fritz Wittmann, Weingutsb.

Assmannshausen — Eulberg's Hotel a. Bahnh. u. Rhein. Altren. Reisend.-u. Touristenh. Tel. 179. Amt Rüdesheim. Sehw. Keller Pet. Eulberg Söhne, Weingutsb.

Augsburg — Palast Hotel 3 Mohren. 1. Haus am Platze. Zimmer von 1,50 M. an. Appartements m. Bad G. Arras, früher Kaiserhof, Berlin.

Bad Aussee (Salzkammergut) — Pensionshotel Elisabeth, diätetisches Kurh. natürliche Solbäder, Wasserkuren. Besitzer M. Maendl. Winter: Meran, Maendlho.

Baden-Baden — Hotel Müller, in bester Lage, 2 Min. v. Kurh. Modern. Komfort. Zentralheiz. Pension. Z 2,50 M. an. Das g. Jahr geöffn. Theodor Müll

Baden-Baden — Hotel Terminus, gegenüb. d. Bahnh. Schöne freie Lage. Jed. Comfort. Restaurant u. Terrasse Mäss. Preise. D. ganz. Jahr geöffn. E. Bilharz.

Baden-Baden Lichtenthal — Gasthof Gold. Löwe. Ausgangsp. der Schwarzwaldhöhenwege. 50 comf. Zimmer, m. Frühstück v. 2.50 M. an. Bestb. Küche. Spec.: Off. bad. Weine.

Basel — Hotel Jura, gegenüber d. Bundesbahnhof. Grösstes H zweiten Ranges. 120 Betten von 2.50 Fr. an. Haus des Deutschen Offiz.-Verein und Beamtenvereine.

Bastei Sächs. Schweiz — Hotel-Restaurant Rich. Leukroth. Schönster und meistbesuchter Ausflugsort Sachsens. Sommer und Winter geöffnet.

Bayreuth — Hotel Post gegenüber dem Bahnhof. Aller Komfort. Restauration und Garten. Bes. Rich. Beck.

Berlin — Hotel zum grünen Baum, W., Krausenstr. 56–58. Im Mittelpunkt d. Stadt. Elektr. Licht. Warmwasserheizg. Fahrstuhl. Zimmer v. 3 M. an, inkl. Frühstück Inh. W. Giersch.

Berlin — HOSPIZ DES WESTENS, W., Marburgerstr. 4. Hotel I. Ranges, 5 Min. v. Bahnhof Zoolog. Garten. Elektr. Verbindung nach allen Stadtteilen. Auf Wunsch Pension. Keine Trinkgelder. Aufzug. Reinertrag für die Arbeit des Vereins „Wohlfahrt für weibliche Jugend."

Wo wohne ich auf der Reise?

Bingen
Hotel Goethe-Haus am Rhein
(Weisses Ross, Bingen)
Gegr. 1665, vollständ. renov. 1908/12. Ruhigste bevorzugte Lage. Kein Eisenbahngeräusch. 2 Min. v. d. Dampferl. 3 Min. v. Bahnh. Best. Fam. u. Touristenh. Historisches Goethe-Zimmer, Museum, Sehensw. Schöne, gr. Fremdenzimmer m. sehensw. antik. Einr. Orig. gärtn. Kol. Log. u. Frühst. v. M. 2,50 an. Tel.-Adr. Goethehaus Bingenrhein.
Friedrich Reifenstein,
v. Inh. d. Münchn. Kindl., Luxemb. u. d. H. Gold. Krone, Mainz

Boppard a. Rh. Pension König. Mainzerstr. 39. Vorzügl. empfohl. Familienpens. Gr. Garten. Bad. Pens. v. 4.50 M. an.

Bordighera
(Ital. Riviera).
Seeger's Viktoria-Hotel m. Viktoria-Rest. Vollst. renov. Ganz deutsches Familienhotel in prachtv. ruhig. Lage an der Viale Imperatrice Federico. Elektr. Licht Centralheizg. Bäder, Garten etc. Anerkannt vorzügliche Küche u. Keller. Zimmer v. 2,50 Lire an. Pension incl. Zimmer v. 8 Lire an. Tarif in jedem Zimmer. Haus des Deutsch. Offizier- u. Beamtenvereins.
C. W. Seeger, Deutscher, Besitzer.

Braunschweig Park-Hotel. I. Haus am Platze. Aller Komfort. Restaur. u. Café. Direkt.: **Karl Kaims**, Hoftraiteur.

Bregenz a. Bodensee. Hotel Bahnhof. Komfortable Fremdenzimmer. Restaurant mit Wiener Küche. Sehenswerte Lokale. Jacob Sagmeister, Besitzer.

Bregenz a. Bodensee. HOTEL MONTFORT. Familienhaus I. Ranges. Bes. **G. Ettenberger.**

Bremen Central-Hotel vis-à-vis dem Bahnhof. Haus I. Ranges. Zimmer von 3.50 M. an. Wasserheizung. Lift. Zimmer mit Privatbad u. W.-C. Besitzer Otto Rickert.

Bremerhaven Hotel „Sanssouci". Haus I. Ranges. Z. von M. 2,50 an, in allernächster Nähe zur Abfahrtsst. zu den Seebädern. Bes. **Th. Gossler.**

Breslau Hotel du Nord vis-à-vis Hauptbahnhof m. a. Komf. Zimmer 3—6 Mk. incl. elektr. Licht, Lift. Zentralhzg. etc. Auch Zimmer mit Bad in allen Etagen.

Breslau HOTEL KRONPRINZ vis-à-vis dem Hauptbahnhof. Eröffn. 1909. Vornehm einger. Zimmer v. 3-5 Mk. zweibettige 5—8 Mk. Elektr. Licht. Zentralheizg. Lift. Bäder. Frühstück 1 Mk.

Brixen
(Südtirol)
Hotel Elefant. Altrenommiertes Haus; gegründet 1551. Freie ruhige Lage mit Front nach Süden und Westen. Sehenswerte Parkanlagen. Eigene Meierei. Garage. Sehr empfehlenswert zu längerem Aufenthalt.
Gleiches Haus in **Vahrn** bei Brixen „Villa Mayr". Besitzer **H. Heiss,**

Wo wohne ich auf der Reise?

Budapest — **Grand Hotel Hungaria.** Hotel ersten Ranges in unvergleichlich schöner Lage am Donauquai. Reizende Aussicht auf die Königl. Burg und das Ofner Gebirge. Höchster moderner Komfort. Appartements mit Badezimmer und Toilette.
Burger & Wonke, Directeurs.

Budapest — **Bristol Hotel,** allerersten Ranges am Donauquai, gegenüber der Königl. Burg. Aller Komfort. Mässige Preise.

Budapest — P. Simon. Hotel „Zur Stadt Paris" neu renoviert unt. Leitung des Besitzers. Gut renomm. Haus 100 m all. Comf. eingericht. Zim. v. 3 Kr. aufw. m. elektr. Beleucht. u. Service (Kleiderrein.) Städt. Tel 27-56 z. Benutzung. Eleg. Kaffeehaus. Vorzügl. Rest. i. Parterre (u. Bierhalle, Bachuskeller). Sehr solide Preise. Haltest. der elektr. Stadtbahn v. u. z. all. Bahnh. u. Schiffsst.

Budapest
V. Vigadógasse 2. — **Pension Grimm.** Zentrale, schönste Lage am Donauufer m. freier Aussicht auf d. Ofner Berge. Zentralheizung. Warm- u. Kaltwasserleitung. Bäder. Exquisite Küche. Lift. Tel. 17763.

Coblenz — RIESEN-FÜRSTENHOF-ANKER. Schönste Lage am Rhein. Zimmer von 2 M. an. Besitzer: Joh. Hansen.

Coburg — Bahnhofs-Hotel, Gebr. Schumann. Haus I. Rang. Links vom Ausg. d. Bahnh. neben d. Bahnpostamt. Vorn. ruh. Haus m. jegl. Komf. d. Neuz., verb. m. fein. Rest. Coburg. a. Pils. Bier v. Fass. Schön. schatt. Gart. Als eins d. bestgeführten Häuser im In- u. Ausl. bekannt. Eig. Dampfwäsch. Auto-Garage mit Rep.-Werkstätte. Zimmer v. 2.— Mk. an. Fernspr. Nr. 18 u. 140.
Gebr. Schumann, Hoflieferanten u. Hoftraiteure.

Constantinopel — **Grand-Hotel KROECKER.**

Dresden-A. — **Continental Hotel.** Am Hauptbahnhof — Ausgang Bismarckstr. 150 Zim. v. 3 M. a. Wohn. u. Einzelzim. Bad u. Toil. 2 Lifts. Garage. **Ed. Pössel,** Direktor

Dresden — **Hotel du Nord** n. Hauptbahnhof und Zentrum. Pragerstr., Ecke Mosczinskystraße. I. Ranges mit allem Comfort Logis ab Mk. 2.— Auto-Garage. Lift. Restaurant
Alfred Piesold, Besitzer.

Dresden-A. — Hotel Edelweiss, Wettinerstr. 2 am Postplatz. Von Reisenden u. Touristen bevorzugtes Haus. Eleg. Zimmer v. 1.50 Mk. an. Vorzügl. preisw. Küche. Straßenbahnvbdg.: Hauptbahnh.-Postplatz Linie 23. Elektr. Licht. Zentralheiz. Tel. 1778. Inh.: **Phil. Asang.**

DRESDEN
Schnorrstr. 1a,
Ecke Winkelmannstrasse. — **Pension Rudeloff.** Eig. Villa mit 30 Zimmern. 4 Min. v. Hauptbahnh. Ruhige Lage. Pension von 4 Mk. an. Uebernachtung für das bessere Publikum v. 1.50 M. an. Telefon Nr. 1401.

Wo wohne ich auf der Reise?

Düsseldorf Rhein — **Hotel Monopol-Metropole.** I. R. Mit allen modernsten Einrichtungen. Mässige Preise.

Eberbach a. Neckar — Vielbesuchter Luftkurort in reizender Lage. **Bohrmann's Hotel zur Krone (Post)** Ganz neu eingerichtet. Vorzügliche Verpflegung. Telefon Nr. 10. Pension. Omnibus am Bahnhof. Wagen im Hotel. Auto zu vermieten. Garage.

Eisenach — **Hotel und Pension Goldner Löwe.** Gedieg. Haus f. Pens. u. Tourist. b. mäss. Preisen. Bequ. gel. dir. am Aufst. z. Wartb. u. a. Eing. d. Täl.; einst Fr. Reuters Stammkn. Schönst. Gart. Fein. Rest Sorgfält. Küche. Biere vom Fass. Autohalle i. H. Haltestelle der elektr. Strassenbahn.

Eisenach — **HOTEL KAISERHOF** Haus I. Ranges. Grösster Komfort. Besitzer **Gustav Franke.**

Fiume — **Hotel Bristol.** 80 Zimmer. Bäder, Lift. Nahe der Bahn und Schiffstation. Restaurant. Café.

Frankfurt a. M. — Hotel Russischer Hof. I. Ranges, gegenüber dem Hauptbahnhof. Zimmer von 3 Mk. an. K. Frank.

Frankfurt a. M. — Hotel National am Hauptbahnh. Modernes Haus I. Ranges. Mässige Preise. Zimmer von 2 Mk. an.

Frankfurt a. M. — **HOTEL KÖLNER HOF** Haus guten Ranges am Hauptbahnhof. Jüdischer Besuch verboten. Bes. Herm. Laass.

Freiburg i. Br. — **Hotel Sommer, Zähringerhof.** I. Haus am Platze. Mit allem Comfort der Neuzeit ausgestattet. Besitzer **Gebrüder Sommer.**

Freudenstadt i. Württemberg. — Hotel Rappen, in schönster Lage, das ganze Jahr geöffnet. Mit allem Komfort eingerichtet. Zentralheizg. Feines Bier- u. Wein-Restaur.

Friedrichshafen am Bodensee. — **Kurgarten-Hotel.** Wohns. S. E. d. Grafen von Zeppelin. Vorn. Haus I. Ranges. Prachtv. Lage dir. am See. Direktion: **D. Hansjacob.**

Wo wohne ich auf der Reise?

GENUA — **Riviera-Hospiz.** Privat-Hotel. Oberhalb des Zentralbahnhof i. Villenquartier, Corso Ugo Bassi 24. Zimmer v. L. 2.50 an Hausdiener am Bahnhof.

Gotha — Hotel Wünscher, bestrenom. Haus I. Rang. a. Platze, m. gross. Gart. u. a. Komf. Z. v. 2 M. an. Bes. **P. Lugenheim**, Hoftraiteur.

Graz — **Hotel Erzherzog Johann.** I. Ranges am Hauptplatz. Autogarage, Lift, Zentralheizung. Bäder im Hause. Besitzer **Fritz Müller.**

Hamburg — Schauenburgerstr. 49/53 b. Rathaus u. Börse. **Hotel Métropole** vorm. **Fahrenkrug.** Zivile Preise. **Conrad Kothe.**

Hamburg — **Hotel Frankfurterhof.** Spadenteich 1, 2 Min. vom Hauptbahnhof. Sehr ruhige Lage. Zivile Preise. **John Giebfried.**

Hamburg — Hotel Bremerhof, Amsinckstr 13/14. 8 Min. v. Hauptbahnh. Z. m. Frühst. v. 2,50 M; an. Diener a. Bahnhof Elektr. Licht. Zentralheiz. Besitzer **J. Rebenstorff.**

Hanau — **Hotel Riesen.** Zimmer von 1.50 Mk. an. Gut bürgerliche Küche. Tel. 127. Haltestelle der Elektr. Bahn. Neuer Bes. **H. Repp.**

Heidelberg — Hotel Metropole-Monopole. Vielbesucht u. beliebt. Hotel I. R. Mod. Komfort u. Einr. bei durchaus mittl. Preisen. Ruhige Lage an d. Promenade z. Schloß. 5 Min. v. Bahnh. u. Geschäftsviertel. Kein Bahn- u. Tramgeräusch, direkt a. Wald. Z. ab 3.-, incl. Pension ab 7.50 M. Bei läng. Aufenth. u. im Wint. erm. Preise. Bes. **Hans Ludwig Fellmeden**

Heidelberg — **Hotel Darmstädter Hof.** 4 Minuten v. Bahnhof. 120 Betten v. Mk. 2,50 bis 3.50. Elektr. Licht. Lift. Dampfheizung, Bäder. Besitzer **Gebr. Krall.**

Heidelberg — **Hotel-Restaurant Perkeo**, Hauptstr. 75. Telefon 43. Zimmer 2 Mark. Münchener Löwenbräu, Pilsener Bier.

Heidelberg, Riedstr. 3. — Pension Primosole. Villa m. Garten nahe Bahnh. u. Anlagen. Anerk. vorzügl. Küche. Pension 4.50—7 M. Empf. v. Offiz.-Ver. Inh. Frau **Landgerichtsrat Kohlunt.**

Homburg v. d. Höhe. — Hotel Bellevue. I. Rg. am Kurgarten. Vacuum-Reinig.-Anlage. Dampfw. Zentralheiz. Elektr. Licht. Fahrstuhl. Bäder. Z. v. 2,50 M. an, Pens. M. 10,50 u. höher. Homburger Diäten. Bes. **W. Fischer.**

Wo wohne ich auf der Reise?

Innsbruck
Maximilian-Str. 17.
Gegenüber dem K. K. Hauptpostamte, nächst der Triumph-Pforte.

Hotel Neue Post
Franz Weiss
56 mit allem Komfort der Neuzeit eingerichtete Fremdenzimmer von Kr. 1.60 aufwärts. Bäder. Elektr. Beleuchtung. Pilsener Urquell. Münchner Pschorr. Auto-Garage. Omnibus a. Bahnhof. Zivile Preise. Gegründet 1904.
Telefon Nr. 596.

Johanngeorgenstadt
Truckenbrodts Hotel de Saxe. Schön Lage a. Markt. Zentralheizg. Elektr. Licht.

Bad Ischl
(Salzkammergut)
Hotel und Pension „Erzherzog Franz Karl"
ganzjährig geöffnet.
1913 neu renoviert mit englischen Messingbetten.
S. Sonnenschein.

Klagenfurt
Hotel Lerch zum Kaiser von Oesterreich, vorneh. Haus I. R. a. fr. Platze gelegen. 120 Zimmer u. Salons. Elektr. Licht. Zentralheiz., Lift. Telegr.-Adr.: Lerchhotel. **Franz Lerch**, Besitzer.

Klagenfurt
Hotel Moser,
Haus I. Ranges. Ganz neu erbaut. Lift, elektr. Licht, Zentralheizung. **J. Verdino**, Besitzer.

Köln Rh.
Grand Hotel Belgischer Hof.
Nähe Hauptbahnhof, Dom und Post. Neuester Komfort.
Zimmer von 3 Mark an.
Grosses Wein- und Bier-Restaurant.

Köln ✱ DOM-HOTEL.
Köln.

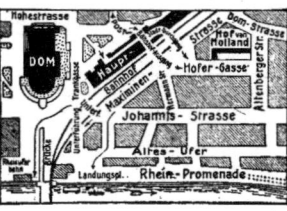

Hotel Hof von Holland.
Telegrammadresse: Holland-Hotel
Hofergasse 11—13. Tel. A. 3917.
80 Schritte v. Maximinenstr.-Ausgang d. Zentralbahnh. 400 Schr. v. Landgpl. d. Schnellb. Log. m. garn. Frühstück 3—5 M. Elekt. Licht. Zentralh. Diner m. Wein, Bier o. alkohoff. Getränk v. 2 M. an. Auch veget. Sp. Ruh. Lage, vorzügl. Betten. Bäd. i. H. Verbdsh. d. Holländ., Belg., Engl., Franz. und Deutschen Touring Clubs.

Wo wohne ich auf der Reise?

Köln Rh. Marzellenstr. 19
Hotel Berliner Hof. 2 Min. v. Bahnh. u. Dom. Aufzug. Zentralh., Bad, elektr. Licht, Spez.-Ausschank d. Kgl. Hofbräuh. München. Diner v. M. 1,50, Logis m. Frühst. v. M. 2.75 an Hausdien, a Bahnh, u. Schiff. Bes. **Jos. Graaff.**

Königssee bei Berchtesgaden. **Altes Seewirtshaus für Touristen u. Passanten best. empfohlen.** Mässige Preise Geldwechsel. Tel. 137. Bes. **Hans Stelzer.**

Krakau GRAND HOTEL, 1. Rang. Elektr. Beleucht. Zentralheiz. Z. v. 3 Kr. an inkl. Licht u. Service. Appartements m. Bad. Restaur. Weinh. Konditorei u. Café i. Hause Auto-Garage.

Radium-Solbad Kreuznach
Grand Hotel Royal d'Angleterre. Haus allererst. Ranges. Vollst. renov. m. jegl. Komf. d. Neuz.. In best. Lage vis-à-vis d. Kurpark u. neuen Badeh. **Appartements m. Bad f. Radium-, Sol- u. Süsswasserbäder u. Toilette.** Gr. eig. Park. Tennis, Kinderspielplatz. Auto-Garage etc. Aeuss. mäss. Preise, Arrangem. Neuer Bes. **P. Kniese.**

Bad Kreuznach Hochstr. 9
Hotel **Alter Adler** vorm. Hessel
Telef. 122. Bestempfohl. Haus f. Geschäftsreis., Tourist. u. Sommerfrischl. Pens. v. 4.50 M., Zimmer m. Frühstück v. 2 M. an, Zentralhzg. Elektr. Licht. Autogarag., Gesellschaftssäle. Bes. **Ad. Knopf.** Bitte auf die Firma: **Alter Adler,** zu achten.

Kufstein, Tirol. Hotel Gisela, gutes bürgerliches Haus, wird bestens empfohlen. Familie **Suppenmoser.**

Landeck, Tirol, Arlbergbahn. Reliefkarte von Westtirol liefere gratis und franko.
HOTEL POST Hauptausgangspunkt f. Post, Auto- u. Wagenverkehr nach dem Finstermünzpass, Sulden, Stilfserjoch. Engadin, Meran u. d. bayerischen Königsschlössern **J Müller, Bes.**

Landshut Hotel **Dräxlmair,** gegenüber der Martinskirche. Gut bürgerliches Haus. Zentralheizung. Elekt. Licht. Bad. Telefon 20. **Michael Weinzierl.**

Leipzig **Pension Mueller,** Gottschedstr. 22. Ruh. feine Centrumslage Nähe Hauptbahnhof. Zentralheizung, Lift, elektr. Licht. Telefon. Zimmer m. u. oh. Pension. Empf. v. Offiziersverein,

Leipzig Hotel Stadt Freiberg. Besitzer **Hermann Klessig.** Nähe d. Hauptbahnhofs der Post u. d. Theater. Dampfheizung. Elektrisch Licht in allen Räumen. 80 modern eingericht. Zimmer. Altrenomm. Restaurant, bekannt durch vorzügliche Küche, beste Biere und gute Weine.

Leipzig Ferdinand-Rhodestr. Nr. 26 I. Etg. u. part. **Pension Marggraff.** Ganz mod. Haus, vornehmste Lage. Tagespreis 4½–7, Monatspreis 120–160 M Alle neuzeitl Einrichtungen.

Leipzig HOTEL ROYAL. I. Ranges. Zimmer von 3 M. an aufwärts. Elektr. Licht. Zentralheizung. Personenaufzug. Besitzer **Ernst Elsner.**

Wo wohne ich auf der Reise?

Leipzig — Hotel Sachsenhof
Modernes Haus I. Ranges. 100 Zimmer mit allem Komfort. Zimmer von M. 3.— an pro Bett. Vornehmes Wein- und Bierrestaurant. Telefon 20830—32.
Ludwig Röttger.

LINDAU im Bodensee — Hotel Bayerischer Hof.
I. Ranges. Moderner Comfort. Schönste Lage am See u. zun. des Bahnhofes.
W Spaeth, Bes.

LINDAU im Bodensee — HOTEL HELVETIA
Gutbürgerliches Haus am Seehafen.
K. Gloggengiesser.

Lübeck — Spethmann's Hotel.
1909 neu eröffn. Vornehm. Haus. Den Holstentortürmen gegenüber. Zentralheiz. Elektr. Licht. Z. m. Fr. v. 2.25 Mk. an. Flieβ. warm. Wasser u. Bäder im Hause. Tel. 653.

Lussinpiccolo — HOTEL DREHER.
Dreher Bierhalle. Hübscher Palmengarten. Schöne Fremdenzimmer. Wiener Küche. Mässige Preise. Ganzj. geöffnet. Bes. **Franz W. Templer.**

Luxemburg — ✧ Grand Hotel Brasseur. ✧
Ersten Ranges, neu erbaut mit allen modernen Einrichtungen, in der Nähe des Parkes und schöner Promenaden gelegen. Konversations- und Lese-Salon. Restaurant à la carte. Elektrische Beleuchtung. Garten. Omnibus. Zentralheizung. Lift. Bäder und Douchen.
P Beyens & Cie.

Luzern — Schiller Hotel garni Neu!
Pilatusstrasse 15, beim Bahnhof und Schiff. Nur Zimmer u. Frühstück, einz. Haus d. Art a. Bahnhof. Schöne, sehr ruh. Lage m. Auss. a. d. See u. d. Alpen. Warmwasserh., Zentralentstaubgsl., gr. Vestib., Fahrst, Lesez., Schreibz., Damensalon, Biblioth., Privatbadez., Z. m. fliesend. warm. u. kalt. Wass., Doppelt., Dunkelkammer. — Baedeker*. — Meyer's Reiseb. „sehr empf.". Zimmer v. Fr. 2.50 bis 4.—. **Ed. Leimgruber, Bes.**

Luzern — Hotel Germania, Deutscher Hof
neuerbaut, moderner Komfort. Zimmer v. Fr. 2.50 an.
Besitzer **J. Müller.**

Mailand — Bellini's Hotel Terminus
Deutsches Haus am Zentralbahnhof. Dampf-Heizung. Lift. Mässige Preise.

Mailand — Bertolinis Hotel Europe
Centrale Lage. Ruhige Zimmer Privatbäder. Auto-Omnibus.

Wo wohne ich auf der Reise?

Mainz — **Central Hotel**, Haus I. Ranges. Am Hauptbahnhof. Aller Komfort. Zimmer v. 2 Mk. an. Neuer Besitzer **Franz Seyfried**.

Mainz — **Hotel Germania**, Rheinstr. 43 n. d. Rheindampf. Tel. 4098. Altrenom. Haus. Eektr. Licht. Bäder. Z.-m. Frühstück v. 2,30 bis 4 M. Vereine und Gesellschaften bei Anfrage Preisermäßigung. ·Bes. **F. J. Endres**.

Mainz — **HOF VON HOLLAND**. Schönste Lage am Rhein. Mod. Komfort. Zimmer mit Bad.

Mainz — **Hotel Karpfen** nächst der Rheindampfer. Omnibus am Bahnhof. Zim. von 2 Mk. Zentralheizung. Elektr. Licht. Telefon 134.

Mainz — **Taunus-Hotel** am Hauptbahnh. u. Hauptpost, Bahnhofstr. 17. Mod. einger. Z. v. 2-3 Mk. Wein- u. Bierrest. I. Rg. Elektr. Licht, Zentralheiz. Bäder. Schreibz. Räume f. Konf. u. Festlichk.

Marienbad — **Palace Hotel Fürstenhof**
Haus ersten Ranges. Modernst. Komfort. Appartements, Zim. m. Bad. Prachtv. Gesellschaftsräume.
Hof-Hotelier E. Baruch, Besitzer.

Marienbad — **Hotel Klinger**, erstes und grösstes Hotel am Pl. m. prachtv. Appart. u. Aussicht über den ganzen Kurort. Durch 2 Zubauten 1908/10 bed. vergröss. **I. A. Rubritius**, Hoflieferant.

Meiringen — **Parkhôtel Oberland** b. Bahnhof. Zim. Fr. 2–5, Mittagessen Fr. 2–3, Pens. Fr. 6–9. Vom deutsch. Offiz.-Ver. empf. Tel. 58. **Chr. Brennenstuhl**.

Miltenberg am Main — **Parkhotel garni**
Comfortable Zimmer (ca. 100 Betten) v. 1.20 M. an. Elektr. Licht, Centralheizung, Bäder, Autogarage, Tel. in jed. Zimmer, Lesezimmer, Billardzimmer, Klavierzimmer. Schöner Gart. Diener a. Bahnh. Telefon No. 147. Bes. **Carl Gottfried Wolbert**.

MITTENWALD a. d. Isar (Oberbayern). — **Hotel Post**
Bes. **J. Neuner**, grossh. lux. Hoflieferant.

München — **Pension Toussaint**
im Hause des Café Luitpold, Brienner Str. 8, I. Rang., 38 neu möbl. Zimmer v. 6–12 M. mit voller Pension. Oesterr. u. nordd. Küche. Auch tagew. Aufenth. ohne Pensionszw. f. Passanten. Frau **Dr. Kittel**, Propr.

München — -Nord, Türkenstr. 98, Ecke Akademiestr. **Pens. Eger.** Tel. 31245. Bestempf. Haus. Feinste Refer. Mäss. Preise. Ren. Küche. Bes.: Fr. **Anna Eger**.

Wo wohne ich auf der Reise?

Münster a. St. Hotel z. Schwan. Bahnhofsplatz. Renom. Haus. Mittl. Preise, Pens., Bäder. Zentralheizung. **J. Knörzer.**

Naumburg a. S. Hotel Schwarzes Ross. I. R. Elektrisch. Licht. Zentralheiz. Tel. 45. On parle Français. English spoken.

Neapel **Waehler's Hotel Continental** Deutsches Haus. — Quai Partenope in der Nähe des öffentlichen Gartens und Zentrum der Stadt. Südliche Lage m. prachtvoller Aussicht auf den Golf u. Vesuv, vis-à-vis der Landungsstelle für Caprischiffe. Personenaufzug. Bäder. Zentral-Warmwasserheiz. Zimmer v. 8 Frcs. an. Pension von 9 bis 12 Frcs., März und April 10—15 Frcs. **R. Wähler**, Besitzer.

Bad Niederbronn i. E. (Wasgau) Hotel Matthis. Wald- u. Gebirgsgeg., direkt am Kurplatz. Pension. Mineralbäder i. H. Zahlr. Zerstreuungen. Theater. Kurkapelle. Gebirgstouren. Elektr. Beleucht. Den Herren Touristen bestens empf. Das g. J. geöffn. Familien-Arrgt. Prosp. frei.

Nürnberg Neubau gegenüb. Hauptbahnh. I. R. Schönste fr. Lage i. nächst. N. d. Sehensw. 200 Z., 300 B., 50 Bäd. Zahlr. abs. ruh. Gartenz. Warm. u. kalt. Wass. u. Tel. in d. Zim. **Grand Hotel**

Nürnberg Wolfsgasse 4, n. Rathaus u. Burg. Marthahaus. Hospiz f. Damen. Zimmer m. Frühst. M. 1.75 bis 3,—. Tel. 4994.

Nürnberg Hotel „Goldener Adler". Haus I. Rang. Aller Komfort Zimmer mit Bad und Toilette. Im Mittelpunkt d. Stad gelegen. **Willy Schlenk**, Bes.

Offenbach a. M. Hotel-Restaurant Degenhardt. Zimmer von 2 Mk. an. Zentralhzg. Elektr. Licht. Bäder. Gemütl. Restaur. Gross. Saal u. Garten. Bekannt gute Küche. Weine erster Firmen. Verschied. Biere.

Bad Orb Bade-Hotel Schneeweis & Müller. 50 f. Zimmer, natürl. kohlens. Solbäd. i. Hause. Prospekt.

Orotava (Tenerife) Pension El Cipres in herrlicher Lage, das ganze Jahr offen. Pension mit Zimmer 6—12 Mk. je nach Jahreszeit und Aufenthaltsdauer. Bes. **Adolf Stiehle.**

Paris Deutsches Haus **Hotel de Toulouse** an den grossen Boulevards. Zimmer v. 2.50 Frcs. ab mit 1 Rue Chénier. Bedienung. Besitzer **Karl Siegfried.**

Wo wohne ich auf der Reise?

PRAG — Hotel zum blauen Stern.
GRABEN
Vornehmstes Haus allerersten Ranges
Absteigequartier d. Mitglieder des allerhöchsten Kaiserhauses, des hohen Adels etc., den modernsten Anforderungen entsprechend eingerichtet. Zentralheizung. Lift. Appartements m. Bad in allen Etagen. Autoremise.
A. Seitmann, Besitzer.

PRAG
Zentrum.
Wenzelsplatz,
6 Min. v. Bahnh.
Hotel Erzherzog Stefan.
Telef. 1026. Prachtvoller Neubau. Das allermodernste Haus I. Ranges. 130 Zimmer von 3 Kr. aufw. Elektr. Licht. Dampfheiz. Lift etc. Keine Nebenberechn. Rendez-vous der Fremden. Prachtcafé. Orig. Pilsener.
W. Hauner's Nachf.

PRAG
Böhmen
Hotel Central
Billig. Haus I. Ranges. Aller Komf. **Josef Stenberk** Bes.
—— nahe den Bahnhöfen. ——

Regensburg
Hotel „grüner Kranz".
I. Haus am Platze, mit allem Komfort der Neuzeit ausgestattet, nahe dem Dom gelegen. Zivile Preise. Einzelzimm. u. Appart. m. Bad u. Toilette. Omnibus Equipagen z. Walhalla. Auto-Garage. Lift Telegr.-Adr.: Kranzhotel. Telefon 103.

RIESA
Sachsen
„Der Sächs. Hof" am Bahnhof.
Bestrenomm. Haus.   Bes. **Albert Schulze.**

ROM
Hotel Imperial
Deutsches Haus I. Ranges, in bester zentraler Lage. Hochmoderner Komfort. Zimmer von 4—6 Lire, Pension von 10—12 Lire. Haus des Deutschen Offiz.-Vereins. Das ganze Jahr offen.   Bes. **Arthur Atzel.**

Rom, Via Ventisettembre 4. Pension „Hannover". Bes. Paul Wacker. Eleg. Heim. Beste Lage Herrl. Aussicht. Zentralheizung. Vorzügl. Küche. Pension 6—8 L. Illustr. Prospekt. D. Off.-Ver.

Rüdesheim
a. Rh.
Hotel-Restaurant Faulhaber
Bestes bürgerliches Haus gegenüb. d. Rheindampfern. Zim. incl. Frühst. v. 2.50 M. an. **Ernst Müller,** Bes.

Semmering
Palace-Hotel
Schweizer Pension inkl. Zimmer von 10 Kr., Zimmer v. 6 Kr. an. Erstklassiges Restaurant à la carte. Wiener Café.

Sigmaringen
Gasthof zur Traube v. F. Wolfer, Hoflief. Neu renov. Mod. Fremdenzimm. m. neuen Betten Restauration den ganzen Tag. Feine Weine. Münchener und Pilsener Bier.

Wo wohne ich auf der Reise?

Singen a. Hohentwiel. **Central-Hotel Schweizerhof**, Geeignetes Standquartier f. Besucher d. Bodensees und Rheinfalles. Bes. **Aug. Rowald.**

Spalato (Dalmatien). **Hotel Central Troccoli** Deutsches Haus mit Café und Restaurant. Stadtzentrum, neben dem Diocletianpalast.

Stuttgart **Hotel Royal,** gegenüb. dem Bahnhof. Altrenomm. Haus I. Ranges mit 100 Zimmern Mk. 2.50 u. höher. Zimmer m. fliess. Wasser u. Bad. Personenaufzug. Centralheizg. Zimmerpreise angeschlagen. Grosses Restaurant mit Garten. Ausschank v. Kgl. Hofbräuhaus München und Fürstenbergbräu.

Teplitz Grand Hotel „**Zum alten Rathaus**" mit allem modern. Komfort. Tel. 19. Sehr civile Preise. **Hotel Kronprinz Rudolf** seit Jan. 12. vollst. ren. Tel. 96. Bes. **Franz Dittrich.**

Thale a. H. **Hotel Bodetal**, Bestgeleg. Hotel a. Bodetal. Z. m. Balk., Komfort, ziv. Preise. Bes. **C. Gerbothe.**

Toblach **Hotel Germania** 2 Min. vom Bahnhof. Aller Komfort. Mässige Preise. Wagen für alle Dolomiten-Touren. Café-Restaurant.

Trient **Hotel Mayer** und Bahnhofsrestauration. Neubau. Parkanlage. Mässige Preise.

Ueberlingen a. Bodensee. **Hotel Loewen** a. Landungsplatz. Zimmer v. M. 2.– an. Veranda u. Bahn n. d. See Table d'hôte und Restaurant. Elektr. Licht. Omnibus. Tel. No. 1. **H. Armbruster.**

Venedig **Hotel Internationale** u. **Pension Deutsches Haus.** Via 22 Marzo, gegenüb. Hotel Bauer Grünwald. Elek. Licht. Bäder. Zentralhzg. Z. v. 2.50 Lire, Pension v. 7 Lire an.

Venedig **Privatlogis „Poschacher".** Campo Morosini, vorm. San Stefano 2957. Dampferhaltestelle „Accademia". Frdl. Zimmer evt. auch Frühstück, jedoch keine volle Pension. Empfohlen v. deutsch. Offizier-Verein.

BAUER-GRÜNWALD
Grand Hotel d'Italie.

Venedig

Jul. Grünwald
Besitzer.

Vollständig renoviert. Schönste, ruhige und gesündeste Lage mit Garten-Terrasse und Gesellschaftsräumen am Canal Grande. Moderner Prachtbau. Lift. Zimmer mit Bad und Toilette. Grand Restaurant. Autogarage Marcon in Mestre gegenüber dem Bahnhof.

Wo wohne ich auf der Reise?

Venedig — A. Lucchi's Deutsches Gasthaus, Calle dei Fabbri 4675. Pension. Wiener Küche.

Weimar — Pension Augusta Prellerstr. 11. Vornehmes Haus. Beste freie Lage. Garten, Veranden, Bäder. Erstklass. Tisch. Z. mit Pension von 4,50 M. aufwärts pro Tag. B. W. Kluge.

Weimar, Moltkestr. 11. — Fremden-Pension Perrin. Erstkl. in einer mit a. Komfort d. Neuzeit einger. eigen. Villa m. Garten i. ruh. Lage u. nächst. Nähe a. Sehenswürdigk. Prosp. d. die Besitzerin: Frau Baumeister Perrin.

Wien, I. Seilergasse 6 u. Spiegelgasse 5 (n. Graben u. Stefansplatz). — * H. Mayreder's HOTEL MATSCHAKERHOF * Altrenomm. Haus I. R., seit üb. 100 Jahr i. B. d. Fam. Zim. v. Kr. 3,60. Pens. v. Kr. 12 inkl. Licht aufw. Tarif in jed. Zimmer. Lift. Safe Deposit. Spezial. in Gumpoldskirchner u. Mailberger Weinen. Das best. Wien. u Pilsen. Bier vom Fass. Cooks Coupons. Jagd- u. Fischerei. Vorherrschende Sprachen. Telephon 2160. Tel.-Adr.: Matschakerhof.

Wien — Hotel Bellevue. Am Franz Josefs-Bahnhofe (Abfahrtsseite). Mit grösstem Komfort, neu eingerichtet. Zimmer von 3.— Kr. inkl. elektr. Licht. Bäder. Lift. Interurban. Telefon 14782. Besitzer **Leop. Garal**.

Wien, II. Taborstr. 46a. — Hotel und Café Sächsischer Hof. Modernes Haus mit allem Komfort. Nächste Nähe Nord- u. Nordwestbahnhof. Zentralheizung. Telefon 16613. Zivile Preise. Besitzer **Leop. Wetterschneider**, Eigent. Café Tonethof Brünn.

Wien, Stadtbez. Wieden, Hauptstr. 7. 2 Min. zur Hofoper — Hotel „Goldenes Lamm" fein bürgerl. Haus. Elektr. Beleuchtung. Bäder Grösstes Verkehrszentrum Wiens. Vorzügliches Restaurant. Zimmer inkl. Beleuchtung und Bedienung v. Kr. 2,60 aufwärts. Post u. Telegr. im Hause. Besitzer **Johann Benedickter**.

Wien — Hotel Continental Praterstrasse. Beste zentr. Lage. — Schönste Aussicht geg. Ringstr. An der elektr. Strassenbahn nach allen Richtungen. Elektr. Lift. Safes Deposits. Ausgezeichnete Küche. Prachtvoller Hotelgarten. Bestes Pilsener Bier direkt v. Fass. Cooks-Coupon. Telef. 3 Station. — Telegr. — und Postanstalt im Hause. Hotel-Auto-Omnibus bei den Bahnhöfen. Mässige Preise.

Wien, IX. Ferstelgasse 5 — Pension Reitter. Telefon 18093. Seit 20 Jahr. best. Modernster Komf. Stadt- u. Klinik-Nähe, Mässige Preise.

Wo wohne ich auf der Reise?

Wiesbaden ## Hotel Adler Badhaus
mit dem berühmten Adler - Kochbrunnen.

Wiesbaden **Rheinhotel** Rheinstr. 22.
Vornehmste Lage, aller Komf., billig, beste Küche. **W. Wüst.**

Wiesbaden Hotel Vogel, v. Bahnh. 5 Min. neb. d. Hauptpost
Rheinstrasse 27 Zim. m. all. Komf. v. 2 M. an. Spezialh. f. Geschäftsr. u. Tour. Fein. Rest. Garten. Bes. **Wilh. Schäfer.**

Wiesbaden
Nicolaistr. 16/18
(a. Hauptbahnh.)
Hotel Reichs-Post und Badhaus
Haus für Touristen und Kurgäste.
Schöne Zimm. v. 2 M. an. — Pens. v. 6 M. an.

Wildbad

im Württemberg.
Schwarzwald.

===== **Villa Montebello** =====
in der Nähe der Bergbahnstation und
des neuen Kurhauses. Fremdenpension
I. Ranges, nur für Christen. Grosser
Park b. z. Wald. Elektr. Licht. Moderner
neuer Speisesaal. Haus des Offiz.-Verein,
und des Beamten-Vereins.

WORMS
am Rhein
Hotel **Kaiserhof**. I. Ranges, vis-à-vis d. Hauptbahnh.
Jeder Komfort. Auto - Garage. Gute Küche zu zivilen
Preisen. Telefon 33. Inh.: **Felix Krieger.**

Würzburg Hotel Russischer Hof
Zentral u. nahe am Bahnhof. Jeder Komfort. Zimmer
v. M. 2,50 an. Besitzer **Ad. Strittmatter.**

Würzburg Hotel **Schwan**. Im Zentrum der Stadt. Omnibus
am Bahnhof. Am Mainufer ruhig gelegen. Prachtvolle
Aussicht. Mässige Preise. Bes. **G. Kisskalt.**

Zell a. See. C. Böhms Grand Hotel a. See.
Erstes und schönstgelegenes Haus.
100 Seezimmer. — 82 Balkons. — Lift. — Elektr. Licht.

Verband Deutscher Ostseebäder.
Geschäftsstelle: **BERLIN**, Unter den Linden 76a.
Vertretungen in allen größeren Städten.
Unentgeltlich: Auskünfte und Prospekte über sämtliche dem Verbande
angeschlossenen 89 Ostseebäder (brieflich gegen Rückporto).
Führer durch die Ostseebäder 1913, 300 Seiten nebst Karten und
Plänen 50 Pfg., Porto 30 Pfg. extra.

Kur- u. Badeorte, Heilanstalten usw.

Ahlbeck (Seebad) Frequenz 1911: 23000 Kurgäste. Illustrierter Prospekt gratis durch die Badedirektion

Alexandersbad
im Fichtelgebirge
600 m über dem Meere.

Stahl- und Moorbad. Das ganze Jahr geöffn. Kuranst., Hotel u. Pens. „Stahlbad" Mod. Einrichtg. u. Kurmittel f. Nerv.-, Herz- u. Stoffwechselkrankh., Blutarme. Natürl. kohlens. Stahlbäder, Moor- u. Fichtennadelbäder. Leit. Arzt Dr. Haffner. 150 Zim., Centralhzg., elektr. Beleuchtg, herrl. Lage. Auch für Som.- u. Wintersp. gl. gut geeig. Autogar. Ausf. Prospekte kostenlos d. die Badeverw.

Schwefel-Kurort *BADEN* bei *Wien*

Badehotel Herzoghof — Haus ersten Ranges — Schwefelbäder in jedem Stockwerk.

Bad Brückenau
in der Rhön.

Kgl. Bayr. Mineral-Bad. Saison Mai bis September. Kgl. Kurhaus. Sehr solide Preise. Pension.

Bad ISCHL
Salzkammergut
Ober-Oesterreich
460,5 m ü. d. M.
Saison: 15. Mai bis 15. Okt.

Klimatischer Kurort und Sommerfrische. herrlich gelegen, wind- und staubfreikräftige Alpenluft, mildes Klima. Mod. Kurbehelfe, ber. Solbäder. Kurhaus, Theater, Musik, vorzügliche Hotels und Restaurants, Kaffee's usw. Bequeme Bahnverbindungen nach allen Weltrichtungen.

Prosp. d. d. Kur=Kommission.

Jodbad u. Luftkurort i. bayr. Gebirge. Stärkste Jodlauge 0,6 Jodnatrium. Alle Annehmlichkeiten eines idyllischen Landaufenthalts mit den hygienischen u. gesellschaftl. Vorzügen eines mod. Kurortes. Kurmusik, Saisontheater, Tennis. Wohnung im Kurhotel u. Pension Badehaus. Prospekt gratis u. franko durch **Badedirektion.**

Bad Tölz

Pension Daheim
angen. gemütliches Heim, heizbare Zimmer, neu möbl. auch Dauermieter. Elektr. Licht Zimmer von 1 M. an. Ref. z. Seite.

Dr Rosell Ballenstedt (Harz) Sanatorium

Für Herzleiden, Adernverkalkung, Verdauungs- u. Nierenkrankh., Frauenleiden, Blutarmut, Abmagerung, Fettsucht, Gicht, Zuckerruhr, Katarrhe, Rheuma, Asthma, Nervöse, Erholungsbedürftige. Die anhaltische Residenzstadt **Ballenstedt** liegt auf einem dicht bewaldeten Bergrücken im Osten des Harzes, zwischen dessen schönsten u. größten Flüssen, der Selke u. Bode. Sie ist durch ihre freie **Höhenlage**, ihre **Regenarmut** (450 mm jährlich), die fast völlige **Nebelfreiheit**, die fehlende Staubbildung, die **herrliche, reine** und stets milde Luft zu jeder Jahreszeit
===== **die klimatische Perle des Harzes** =====
für Kranke und Erholungsbedürftige.

Das **Sanatorium**, am Südende der Stadt, etwas über ihr (301 m ü. M.) dicht a. Walde, m. herrl. Fern- u. Umsicht gelegen, ist eine diätetische Anstalt mit neuerbautem **Kurmittelhaus** für alle physikalischen Heilmethoden in höchster Vollendung u. Vollständigkeit Alle spezialistischen Hilfsmittel zur Sicherung der **Diagnose**: Endoscopie, Funktionsprüfungen. Universal-Registrierapparat nach Bock Thoma. Großes chemisches und biologisches Laboratorium. Röntgenkabinett. Operationszimmer.

Kurmittel: Diät auf wissenschaftlicher Grundlage. Duschesäle m. allen erdenklichen Brausen. Schwimmbassin. Alle Voll-, Teil- und medizinischen Bäder. Dampf- und Heissluft-Voll- u. -Teilbäder. Sand- u. Fangobäder. Kohlensaure, erdschlussfreie elektr. u. Lohetanninbäder. Polysollicht-, Quecksilberglühlicht- u. Bogenlichtbäder. Bestrahlungsapparate. Röntgentherapie. Heissluftduschen. Elektrotherm. Hyperaemisierende Apparate. Elektromagnet. Influenzmaschine. Hochspannungsbehandlung (Arsonvalisation etc.). Hochfrequenztherapie (Thermopenetration) u. alle übrigen elektrischen Methoden. Vibrationsmassage. Inhalatorium. Massage nach schwedischer Art. Zandersaal mit allen aktiven u. passiven Apparaten. Beschäftigungstherapie. Luft- und Sonnenbäder. Liegehallen

Kosten per Woche: 1. für Pension je nach Zimmer 56–91 M. 2. für Kur je nach den Ansprüchen 21 M. oder 35 M. 100 Betten. Zentralheizung. Elektr. Licht. Fahrstuhl. Stets geöffnet. Besuch aus den besten Kreisen. Näheres durch Prospekte.

Bernburg Sol- und Moorbad (35 000 Einwohner)
Stärkste Sole Deutschlands, das ganze Jahr geöffnet.
a. d. S. Keine Kurtaxe; Prospekte verabfolgt gratis die
Städtische Kurverwaltung.

BINZ! (Modernes Ostseebad)

— Insel Rügen —
25 000 Gäste! (18% Ausländer.)
Reichillustr. Badeführer durch die Kurdirektion.

Kur- und Badeorte, Heilanstalten usw.

St. BLASIEN **Sanatorium St. Blasien,** Heilanstalt für **Lungenkranke.** Völlig gesch., herrl. Lage inm.
im südl. Schwarzw. grosser Tannenwälder. Viele Dauererfolge.
800 m ü. M. Das ganze Jahr geöffnet. Illustr. Prospekte gratis.
Dirig. Arzt Medizinalrat Dr. Sander.

Finkenmühle i. oberen Schwarzatal. **Sanatorium u. Erholungsheim** e. G., m. b. H.
Thüringer Wald. Aerztl. Leiter Dr. W. Hotz.

Frankfurt a. M. **Privatklinik für Zuckerkranke u. diätetische Kuren** von
Schifferstr. 78/82 Sanitätsrat Dr. med. **Eduard Lampé**.

Franzensbad s. nächste Seite!

Friedrichroda i. Thür. **Waldsanatorium Tannenhof.**
Kur- und Erholungsheim I. Rang. für Nerven-, Herz- und innere Leidende, sowie Erholungsbedürftige. Tuberkulose, Epilepsie u. Geisteskrankheiten ausgeschlossen. Winterkuren. Auskünfte und Prospekte B durch leitenden Arzt. **Dr. med. Bieling.**

Görz. Klimatischer Kurort in schönster gesch. Lage am Ausgange der Isonzo- u. Wippacher Täler m. schönen Anlag. u. Stadtpark. Prächtige Umgebg. (s. Heinrich Noë, Görz u. Umgebung.)
Ausflüge m. d. Eisenb. n. Udine, (1 Std.) nach Triest (1½ Std.), n. Aquileja u. Grado (2 Std.) n. Venedig (4 St.)
„Prospekte gratis beim Stadtmagistrat".

Adriaseebad Grado Kursaison 1./4. — 30./10.
Schönst. Strand Oesterreichs. Freq. i. Jahre 1912: 14 000.—
1400 Strandzelte. Erstkl. Hotels, Pens., Privath., Wien. Cafés.
Prospekte durch die Kurkommission.

Heringsdorf.
See- und Solbad an der Ostsee.
8½ Stunde von Berlin. Auskunft: Badeverwaltung.

Kur- und Badeorte, Heilanstalten usw.

Weltkurort. **Gartenstadt.**

Franzensbad

als Moorbad und
als Herzheilbad

hat nachweisbar die

== besten Heilerfolge ==

bei:

Blutarmut, Bleichsucht, Skrophulose, indizierte Kinderkrankheiten; **Gicht, Rheumatismus,** — Katarrhe der Atmungs-, Harn- und Verdauungsorgane, habituelle Stuhlverstopfung; **Nervenkrankheiten,** Neurasthenie, Hysterie; **Frauenkrankheiten,** Sterilität, Exsudate, Myom; **Herzkrankheiten,** Insuffizienz des Herzens (Herzschw.), chronische Herzmuskelentzündung, Herzklappenfehler, Neurose des Herzens, Fettherz.

300,000 Bäder pro Saison

53 Aerzte — 2 Aerztinnen

Saison: 1. Mai—30. Sept.

Bäderabgabe: 1. April—31. Okt.

Verlangen Sie illustrierte Gratis - Broschüre
durch das
Bürgermeisteramt Franzensbad, Sektion II.

Kur- und Badeorte, Heilanstalten usw.

Johannisbad im Riesengebirge.

Altbewährter Kurort. — Radioaktive Therme 29º C — Herrlichste Lage und reizendste Gebirgsscenerie in der näheren und weiteren Umgebung. — Wintersportplatz. — Gute Unterkunft und Verpflegung.
Eigene Kurkapelle.
Auskünfte bei der kaiserl. königl. Kurinspektion.

Krapina - Töplitz
Kroatien
Auskünfte gratis
durch die Badedirektion.

heilt:
Gicht,
Rheuma,
Ischias.

Levico in Süd-Tirol
 Arsen = Eisen = Bad.
Kurzeit: 1. April bis Ende Oktober.

Lovrana
(Istrien).

Klimatischer Kurort und Seebad.
Herrliche geschützte Lage am Fusse des Monte Maggiore. Aerzte, Apotheke, Kuranst. Gute Unterk. u. Verpfleg. Sehr schöne Ausflüge zu Wasser u. zu Lande.
Auskünfte durch die
Kurkommission, Postgebäude.

NEUENAHR
Für Zuckerkranke.
Sanatorien Dr. Külz.

Partenkirchen
Oberbayern.

Dr. Wiggers Kurheim. Streng klinisch geleitetes Sanatorium für Innere, Nerven-Kranke u. Erholungsbedürftige aller Art. Modernste u. reichhaltigste Einrichtungen, für Diagnostik u. Therapie. Eigenes grosses Kurmittelhaus, diätetische Abteilgn. Jegl. Komfort. Wintersport. — Das ganze Jahr geöffnet. — Prospekte — 5 Aerzte.

Kur- und Badeorte, Heilanstalten usw.

SELLIN Ostsee-Insel-Sanotorium Dr. Kruschewsky.
Elektr. Bäder, Dampfbäder, Massage.
Rügen Licht-, Sonnen- und Luftbäder. Lahmann-Diät.

SEMMERING, Sanatorium von Kais. Rat Dr. Vécsei
für innere und Nervenkrankheiten.
2 St. v. Wien. 900 m Seehöhe. Ganzjährig geöffnet. Prospekt frei.

Kurort **Vöslau**
Nieder-Oesterreich.
240 m ü. d. Adriat. Meere.
Südbahnstation nach Wien.

Roborierende Nachkur für Karlsbad. Herrl. gelegen, ber. Heilquellen, konst. Temp. 24° C. (Akratothermen) analog jener v. Gastein, Römerbad, Teplitz etc. Besondere Heilerfolge bei Nerven-Frauenleiden, Erkrankungen d. Ernährung und des Kreislaufes etc. **Abfüllung und Versand des Thermalwassers in Flaschen.**

Wörishofen
629 m ü. M.

Wasser- u. Höhenluftkuren. (Syst. Kneipp) Luft- u. Sonnenbäder. Schwedische Heilgymnastik. Sommer- u. Wintersaison. Subalpines Klima. Wohn. u. Verpfleg. f. jegliche Ansprüche in Sanatorium, Anstalten, Hotels, Pensionen u. Villen. 2 Stunden v. München-Augsburg entfernt. Frequenz 1912: 10873 Personen. Prospekt u. Auskünfte frei durch den Kurverein.

Kürzlich erschien in **sechster Ausgabe**:

Illustrierter Führer durch Bäder, Heilanstalten und Sommerfrischen.

Neubearbeitet von Dr. med. Erwin Jaeger,
In Leinen elegant gebd. Mk. 4.—

Ein stattlicher Band mit zahlreichen Abbildungen, bietet der Führer einen Ueberblick über fast alle Bäder u. Heilanstalten. Die Badeorte u. Heilanstalten sind eingehend beschrieben. Ein sachlich geordnetes Verzeichnis ermöglicht ein rasches Auffinden. Das Buch ist außerordentlich reichhaltig und ein wirklich brauchbares Nachschlagewerk beim Aussuchen einer Erholungsstätte und Sommerfrische.— Es dürfte allen Reiselustigen und Erholungsuchenden ein praktischer und willkommener Ratgeber sein.

Verlag Ernst Hedrich Nachf., Leipzig 4.

Merktafel für die Reise.

Oft bemerken Reisende unterwegs zu ihrem Verdrusse, daß sie beim Einpacken zu Hause dies oder jenes vergessen haben. Die nach dem Satz: „Wer vieles bringt, wird jedem etwas bringen" gefertigte nachstehende Zusammenstellung wird deshalb zur genauen Durchsicht vor Antritt der Reise empfohlen. Für denjenigen Reisenden, der sein Gepäck so viel als möglich beschränkt, ist natürlich vieles überflüssig.

Leo Woerl,
Leipzig. Herausgeber der Woerl'schen Reisebücher.

♣ ♣ Merktafel für Herren. ♣ ♣

Badeanzug
Banknotentasche
Bartbinde
Belegtes Brötchen, ges. Eier (Salz), Proviant
Bindfaden
Bleistift
Botanisiertrommel
Briefpapier, Kuverts
Brille, Gletscherbrille, rauchgraue, Zwicker
Eispickel, Skier
Empfehlungsbrief
Fahrrad mit Reparaturkasten, Luftpumpe
Feldflasche (Wein, Tee)
Fernglas
Gamaschen
Gashaupthahn schließen
Geld (Kreditbrief)
Gepäckstücke, alle alt. Klebezettel darauf entfern. (abwaschen)
Gummischuhe
Halstuch (Halsbinde)
Handschuhe [Schlips]
Handtuch, Bettüberzug
Havelock Wettermantel
Hemden (Nachthemd), Hemdkragen, Manschetten (Knöpfe)
Hosenträger
Hut (Zylinder)
Insektenpulver
Kamm (Taschenkamm, Bürste, Seife, Zahnbürste, Zahnstocher)
Kissen (Luftkissen)
Kleiderbürste
Kleiderbügel
Kleidung (Rock, Hose, Weste, Hut usw. zum Wechseln)
Koffer, Handtasche
Kognak (Kirschwasser)
Kölnisches Wasser
Kompaß, Barometer

Kopierapparat, Durchschreibheft, Tintenstift
Korkzieher
Krawatten (Nadel)
Kursbuch
Laterne, Taschenlampe
Legitimation, Grenz-Leim, flüssiger [karte
Medikamente (Schokolade, Talg nebst lein. Läppchen, Baumwolle, Heftpflaster, Mückenstift, Verbandzeug)
Messer (Taschenmesser)
Musikalien
Nadel, Nähfäd., Knöpfe
Notizbuch mit Bleistift, Spielkarte
Ordensauszeichnungen, Verbindungsband, Bierzipfel
Paßkarte bestellen
Pelzkragen, Pelzmantel
Photographie
Photogr. Apparat
Plaid (mit Riemen)
Postadresse für nachzusendende Briefe
Postausweiskarte
Postkarten, Briefmarken, Schreibmappe, Füllfederhalter
Proviant, Thermos-Racket, Bälle [flasche
Rasierzeug und Spiegel
Reisebuch für die spezielle Reise
Reise-Luftkissen
Reiselektüre
Reisemütze
Reisenecessaire
Rucksack [matte]
Ruhenetz (Hänge-Rundreisebillett auf Richtigkeit der Fahrscheine prüfen

Schere
Schirm
Schlüsselring
Schuhband, Schuhe, Pantoffeln, Schuhanzieher, Schuhknöpfer, Schnürsenkel
Schutzbrille (für Gletscherwanderungen u. Autofahrten)
Schwamm
Sicherheitsnadeln (Stecknadeln)
Signalpfeife
Sport-Ausrüstung
Stiefel (Schuhe)
Stock (Bergstock, Steigeisen)
Strümpfe (Socken)
Taschenapotheke
Taschenthermometer
Taschentücher
Trinkbecher, Teelöffel
Ueberzieher
Uhr (Weckuhr), Uhrschlüssel
Umhängetasche, Reisetasche
Unfallversicherungspolice bestellen
Unterhosen, Unterjacke (Leibbinde)
Visitenkarten
Vorstecknadel, Ringe
Waffen, Revolver (in Italien u. im Orient streng verboten!)
Wäsche
Zahnpulver, Zahnbürste
Zeichenmaterial (Skizzenbuch, Malkasten)
Zeitung abbestellen
Zigarren u. Tabak, Zigarrenetui, Zigarrenspitze, Streichhölzer, Tabakpfeife, -Dose
Zündhölzer

♣ ♣ Merktafel für Damen. ♣ ♣

Arbeitstäschchen für Handarbeit
Badeanzug
Beinkleider
Belegtes Brötchen, ges. Eier (Salz), Proviant
Benzin
Bindfaden
Bleistift, Tintenstift
Blumenpresse
Brausepulver
Briefmarken
Briefpapier, Kuverts
Brille, Staubbrille, Autobrille, Zwicker
Bürsten (Kleider-, Nägel-, Zahn- u. Haarbürste), Zahnstocher
Chemisette, Manschetten, Einheftstreifen, Krausen
Empfehlungsbrief
Eßbesteck
Fächer
Fahrrad mit Reparaturkasten, Luftpumpe
Feldflasche (Tee, Wein)
Gamaschen, Gummischuhe
Geld (Kreditbrief)
Gepäckstücke, die alten Klebezettel darauf entfern. (abwaschen)
Geschenke
Haarnadel, Haaröl (Pomade), Haarpfeil, Haarband, Haarnetz, Haarkräuselschere
Halstuch
Handschuhe
Handtuch, Bettüberzug
Häubchen
Hemden (weiße — wollene — seidene)
Hüte, Hutnadeln
Insektenpulver
Jackett
Kamm, Bürsten, Seife
Kissen (Luftkissen)
Kochmaschine mit Spiritus
Koffer
Kölnisches Wasser
Kosmetische Mittel

Kursbuch
Legitimation
Leibbinden usw.
Leim, flüssiger
Lorgnette
Medikamente (Taschenapotheke, Goldcream, Heftpflaster, Karbolwatte, Streifen alte Leinwand für Verbandzwecke, Pfefferminzzeltchen, Mückenstift)
Messer mit Pfropfenzieher
Mieder (Korsett)
Morgenhäubchen, Morgenkleid
Muff, Boa
Musikalien
Nachthemd, Nachtjacken, Nachthauben, Halstuch
Nähmaterial (Nähetui)
Negligéhäubchen, Negligéjacke
Notizbuch mit Bleistift, Notizblock
Opernglas (Fernglas)
Pantoffeln, Hausschuhe
Paßkarte bestellen
Pelzkragen, Pelzmantel, Pelzstiefel
Photographie
Postadresse für nachzusendende Briefe angeben
Postkarten
Racket, Bälle
Regenmantel
Reisebuch für die betr. Reise
Reisekissen, Luftkissen
Reisekoffer, Reiseplaid
Reiselektüre
Reisenecessaire
Reisetasche, Umhängetäschchen
Riechfläschchen
Ruhenetz (Hängematte)
Rundreisebillett auf Richtigkeit der Fahrscheine prüfen

Schere
Schirm (Regen-, Sonn.-)
Schleier
Schmuck (Ohrringe, Armreif, Uhrkette, Halskette, Fingerringe, Brosche)
Schnuren, Schnürsenkel
Schreibmappe, Füllfederhalter
Schuhband
Schuhe, Schuhanzieher
Schürzen
Sicherheitsnadeln, Stecknadeln
Signalpfeife
Sport-Ausrüstung
Staubmantel
Stiefeletten (mit Schuhknöpfer)
Strümpfe (wollene), Strumpfband
Taschenapotheke
Taschenlaterne
Taschenthermometer
Taschentücher
Teelöffel, Trinkbecher
Theatermantel
Toilette (Straßen-, Reise-, Gesellschaftskleid)
Toilettenetui (Spiegel, Kämmchen, Seife, Schwamm, Handschuhknöpfer, Puder, Schminken usw.)
Tuch, wollenes, für Kopf oder Schulter
Uhr, Weckuhr
Unfallversicherungspolice bestellen
Unterhaltungsspiele, Karten, Domino
Unterleibchen, Unterjacken
Unterröcke
Visitenkarten
Wäsche
Zahnpulver und Zahnbürste
Zigaretten, Streichhölz.
Zeichenmaterialien (Malkasten, Feldstuhl u. Feldstaffelei)

Vorschläge für Verbesserungen und Ergänzungen werden dankend entgegengenommen von Woerl's Reisebücher-Verlag in Leipzig.